Las historias de

El Secreto

Grupo ROBIN BOOK
Barcelona - México
Buenos Aires

Las historias de El Secreto

Brenda Barnaby

universum
ROBIN BOOK

UN SELLO DE EDICIONES ROBINBOOK
información bibliográfica
Indústria, 11 (Pol. Ind. Buvisa)
08329 - Teià (Barcelona)
e-mail: info@robinbook.com
www.robinbook.com

Diseño de cubierta: Regina Richling
Diseño interior: Cifra (www.cifrabcn.com)

ISBN: 978-84-9917-080-0
Depósito legal: B- 42.145-2010

Impreso por Egedsa, Rois de Corella 12-16, 08205 Sabadell (Barcelona)

Impreso en España - *Printed in Spain*

Índice

Los grandes maestros de todos los tiempos nos han enseñado que la Ley de la Atracción es la ley más poderosa del Universo.

Rhonda Byrne
El Secreto

Prólogo

Después de la publicación de mis libros *Más allá de El Secreto* y *Más allá de la Ley de Atracción*, he venido recibiendo numerosos correos de los lectores. Lo cierto es que la mayor parte de sus opiniones son favorables, y algunas abiertamente laudatorias, pero las hubo también de escépticos que se burlaban de mi supuesta ingenuidad, u otras que me echaban en cara el querer hacer dinero engañando a personas ingenuas. Aunque una gran mayoría ha recibido la revelación de El Secreto como una buena nueva, los más críticos rozaban a menudo el agravio personal y la descalificación intelectual como argumentos contra el contenido de mis libros. Cuando ya había perdido el ánimo para volver a escribir sobre el tema, me llegó un correo electrónico que reforzó mi fe en El Secreto y mi voluntad de difundir y defender sus virtudes. Lo firmaba alguien llamado «Peter», y decía lo siguiente:

> Estimada Dra. Barnaby:
>
> Le escribo estas líneas para agradecer los consejos que da en su libro, y ofrecer mi testimonio de que el poder de El Secreto sí que funciona. En mi caso me concedió el dinero necesario para comprar un par de equipos que necesitaba para mi trabajo, y también funcionó para resolver un problema familiar. Tal vez

alguien piense que fue un pedido modesto, pero para mí resultó fundamental y pude resolver cosas que me dificultaban la vida. Además ahora sé que puedo recurrir a los dones del Universo ante cualquier tipo de adversidad.

Hay mucha gente que no cree en el poder de El Secreto, que piensa que es una superstición o un timo para hacer negocio con los libros y los DVD sobre esa revelación. Pienso que muchas de estas personas ni siquiera han probado de enviar un pedido utilizando la Ley de Atracción, cuando no les hubiera costado nada intentarlo y llevarse la sorpresa de su vida. El dilema no es solo si El Secreto funciona o no, sino conseguir que esas personas escépticas no opinen ni se burlen sin haber comprobado la existencia de esa gran fuerza universal. Una fuerza que actúa sobre todas las cosas y seres del Universo desde tiempo inmemorial y de la que todos nosotros participamos, sin saber aprovecharla.

Para terminar le hago un humilde y esperanzado pedido a usted, Brenda, que tan bien ha explicado y defendido en su libro ese maravilloso recurso para mejorar nuestras vidas. Tal vez podría usted reunir una recopilación de testimonios, historias y relatos de todas las épocas, que demuestre a los incrédulos la verdad que ya registraban los Evangelios:

Pedid y se os dará; buscad y encontraréis; llamad y se os abrirá. Porque quien pide recibe, quien busca halla y a quien llama se le abre.

Mateo, 7:7-8

Impulsada por la carta de Peter e inspirada por su cita evangélica, decidí ponerme a trabajar para cumplir su pedido. Rebusqué en bibliotecas públicas y privadas (entre estas la mía), hurgué en hemerotecas, exploré en la vasta red de internet, repasé archivos y consulté a expertos, hasta poder reunir un número considerable de testimonios de distintas épocas y culturas que de alguna forma hacían referencia a las Leyes del Universo, la Ley de Atracción, o el Pensamiento Positivo. Debo advertir que son muy escasas las historias y leyendas que utilizan estos términos, acuñados recientemente y empleados de forma específica. Los pedidos suelen expresarse como oraciones, rezos, súplicas, ruegos, sueños, esperanzas, u otras formas de solicitar el cumplimiento de un deseo. El destinatario es un poder omnímodo al que se puede llamar Dios, Yavé, Alá, Shiva, Buda, Altísimo, Gran Arquitecto, u otros nombres de la divinidad; y en forma más impersonal Providencia, Suerte, Destino, Fortuna, etc. Estas designaciones pueden referirse al poder de las fuerzas del Universo en sí mismas, o también a un ente superior que lo ha creado y lo controla.

Reproduzco en el presente libro las historias que juzgo más significativas para ese fin, y que a la vez tienen un valor humano y constituyen un relato atractivo. He procurado asimismo que reflejen los pasos y actitudes que se deben adoptar para recibir con éxito los dones de El Secreto. Si te inspiras en su ejemplo, tu pedido estará correctamente planteado, y puedes tener fe que tendrás una respuesta.

Eres parte del Universo y su fuerza está en tu mente.
De ti depende saber cómo emplearla para cambiar tu vida.

Jack Canfield
(Coautor de *Sopa de pollo para el alma*)

Introducción

Un conocimiento ancestral

Aunque Rhonda Byrne fue quien redescubrió El Secreto en 2005, y en los años siguientes lo reveló a millones de lectores y espectadores en todo el mundo, ella misma advierte que se trata de un conocimiento ancestral, un secreto celosamente guardado por maestros e iniciados a lo largo de los siglos. En la remota antigüedad esos hombres pertenecían a círculos cerrados de conocimiento esotérico (sacerdotes, magos, astrólogos, adivinos, cabalistas, etc.) que basaban su poder en la fuerza de El Secreto y la Ley de Atracción. Así describe esa actitud hermética el autor y psicólogo americano Denis Wetley:

> «Los líderes del pasado que conocían El Secreto no querían compartir su poder. Ocultaban El Secreto a los demás. Las personas iban a trabajar, hacían sus tareas y regresaban a sus hogares. Seguían una rutina carente de poder, porque El Secreto era solo para unos pocos».

Salvando todas las distancias que se quieran, las cosas no han cambiado demasiado en los numerosos milenios que nos separan de aquellos tiempos. En la actualidad todavía la mayor parte de las gentes «van a trabajar, hacen sus tareas y regresan a sus hogares» sin conocer ni ejercer ese poder extraordinario, que solo comienza a divulgarse con el éxito de *El Secreto*.

Los sabios siempre lo han sabido. Puedes remontarte hasta los babilonios; siempre lo han sabido. Se trata de un pequeño grupo selecto de personas.

Bob Proctor

No obstante, la fuerza del Universo es demasiado poderosa para dejarse encerrar por sectas y círculos herméticos. Como bien afirma Rhonda Byrne, hubo a lo largo de la historia personas excepcionales que supieron que todo el Universo respondía a una Ley de Atracción. Y así lo explica en el prólogo de su libro:

> «Empecé a buscar los orígenes de El Secreto en la historia. No podía creer que hubiera tantas personas que lo conocieran. Eran algunos de los personajes más grandes de la humanidad».

Y agrega más adelante:

> «Poetas como William Shakespeare, Robert Browning, y William Blake lo expresaron en su poesía. Músicos como Ludwig van Beethoven lo expresaron con su música. Artistas como Leonardo Da Vinci lo expresaron en sus cuadros. Grandes pensadores como Sócrates, Platón, Ralph Waldo Emerson, Pitágoras, sir Francis Bacon, sir Isaac Newton, Johann Wolfgang von Goethe y Victor Hugo, lo compartieron en sus escritos y enseñanzas».

La autora recuerda asimismo que además de las tradiciones herméticas y civilizaciones como la egipcia y la babilónica, religiones como el budismo, el judaísmo, el cristianismo o el islamismo recogen El Secreto en relatos e historias, como las que forman el cuerpo del presente libro.

Los mitos y el Universo

Detrás de las versiones primitivas sobre la creación, subyace la propensión de los seres humanos a conocer el Universo y establecer una relación favorable con sus misteriosos poderes. Todo el aparato montado por la astrología constituye un antiguo y extendido intento por sistematizar la influencia de los astros sobre los acontecimientos del mundo y los avatares de las personas. Por otra parte, unos pocos hombres sabios pudieron descubrir el verdadero secreto del Universo: nuestra mente comparte su poder y basta emitir los pensamientos adecuados para poner las fuerzas cósmicas al servicio de nuestros deseos.

Eso fue lo que intuyeron los pioneros del Pensamiento Positivo y la Ley de Atracción. Más tarde Rhonda Byrne recogió ese legado, lo estudió y sistematizó junto a los más reconocidos expertos en el tema, y lo ofreció al mundo en un libro y un film que han cambiado ya la vida de millones de personas: *El Secreto*.

El lugar del misterio

El axioma hermético de que «lo que está arriba es como lo que está abajo» ha sido definido a menudo como dos imágenes especulares. El Secreto revela que si conseguimos transmitir nuestros deseos y situarlos en el poder del Universo, necesariamente este nos devolverá esa imagen formando parte de la realidad de nuestro mundo actual. Sin embargo, no se trata solo de hacer un pedido cuando y como se nos ocurra, y recibir una respuesta inmediata. Eso resultaría demasiado fácil, y todo el mundo disfrutaría de felicidad y abundancia. En parte por desconocimiento de El Secreto, por desprecio o escepticismo respecto a su revelación, o por errores al solicitar su deseo, millones de personas viven sufriendo a causa de situaciones negativas. Sus lamentos son desde luego legítimos pero, la Ley de Atracción, que es neutral y omnipresente, les devuelve más penurias y desesperación.

Este es el problema. La mayoría de las personas piensan en lo que no quieren, y no dejan de preguntarse por qué eso se repite una y otra vez.

John Assaraf
(Experto en la Ley de Atracción)

Quienes han leído la obra de Rhonda Byrne, mis libros y los de otros autores que han analizado en profundidad su mensaje, saben que el poder del Universo puede cambiar nuestras vidas de forma increíble, pero no hace milagros. No hay magia ni taumaturgia en la Ley de Atracción, sino una relación natural entre la gran fuerza del Universo y las imágenes y pensamientos que emite nuestra mente. Lo más importante es tener fe en esa verdad revelada, interiorizarla en nuestra mente. El problema es que la mayor parte de nosotros hemos sido educados en una tradición que venera el trabajo y el esfuerzo para triunfar en la vida, rechazando cualquier opción «milagrosa» que cumpla nuestros deseos con solo pedirlo utilizando la forma apropiada. ¿Cómo esa tradición podría aceptar que solo con el pensamiento se puede alcanzar el bienestar y la abundancia, sin someterse a una vida entera de sacrificio? Aparte de que ese sacrificio suelen resultar finalmente inútil, la cultura del esfuerzo se resiste a aceptar la idea de una ley cósmica que no nos exige trabajar para conseguir nuestras metas.

Tú eres quien diseña tu destino. Eres el autor. Escribes la historia. La pluma está en tu mano y el resultado es el que tú elijas.

Lisa Nichols
(Asesora en crecimiento personal)

que esa excursión puede contribuir a
stender el recuerdo de unos magníficos
des y de una cultura tradicional llena
años. El progreso, aunque tenga otras
deteriorando un medio ambiente creado
atural en largos años y transformando
as de vivir dignas de alta estimación.
jan de la sierra los gancheros, como
rebaño de troncos por el sendero
o, pero yo les ví en acción y fui [illegible]
epopeya. Puedo deciros que hoy [illegible]
ser más cultos literariamente [illegible]ando
nuleros, eran hijos directos de la Natura-
con fuerza sus senderos vitales y [illegible]er a
ran leales ejemplos de hombría y dignidad.
án hoy algunas de sus cualidades y el
ereza.
o que mi edad y precaria salud no
ompañaros, incorporándome como en
asión a las valiosas actividades de
avid y os envío mi más cordial y
aludo

1.

Testimonios positivos

¡Eres el imán más poderoso del Universo!
Tienes un poder magnético en tu interior que es más fuerte que ninguna otra cosa en este mundo, y ese poder insondable se transmite a través de tus pensamientos.

Rhonda Byrne
El Secreto

La revelación que divulgó Rhonda Byrne a través del libro y la película de *El Secreto*, tuvo una multitudinaria acogida en todo el mundo. Un número incalculable de personas experimentaron el uso de la Ley de Atracción para mejorar su suerte y alcanzar sus deseos. Al poco tiempo Rhonda comenzó a recibir cientos de cartas y correos electrónicos de gente que narraba sus experiencias exitosas y a menudo sorprendentes, ya fueran para conseguir cambios fundamentales en sus vidas o resolver situaciones puntuales.

Pensamos que es oportuno iniciar este abanico de historias y leyendas relacionadas con El Secreto con una pequeña muestra de esos testimonios positivos. Ellos pueden demostrarte que las afirmaciones de quienes creemos en la Ley de Atracción no son brindis al sol, sino describen una realidad cósmica que vale la pena aprovechar.

Casi no hay límites para lo que se puede lograr, cuando se aplica el esfuerzo mental suficiente.

Vera Peiffer
(Experta en Pensamiento Positivo)

Un encuentro inesperado

Jeannie nos cuenta que compró el DVD de *El Secreto* y se quedó tan impresionada que lo veía al menos una vez al día para empaparse hasta la médula con su mensaje.

Le habían interesado especialmente las sabias intervenciones de Bob Proctor, y pensó que le encantaría conocerlo. Una mañana Jeannie fue a mirar su correo y se llevó una inesperada sorpresa. El cartero, por un afortunado error, había puesto en su buzón la correspondencia dirigida a Bob Proctor. Al leer la dirección de los sobres comprobó que su admirado Proctor… ¡vivía tan solo a cuatro manzanas de su casa! No solo eso, sino que el número de la dirección de Jeannie era el mismo que el de Bob en una calle próxima. La joven no perdió el tiempo y fue corriendo para entregarle el correo equivocado. Sabía que Proctor viaja mucho por todo el mundo para dar conferencias y cursos, por lo que rara vez para en su casa. Pero se sentía feliz de hacerle aquel pequeño favor, y saber que él vivía tan cerca.

Pero las ondas del Universo solo saben de momentos adecuados. Jeannie casi se quedó sin habla cuando el propio Bob Proctor abrió la puerta. Él le agradeció la molestia que se había tomado al llevarle el correo, y ella le contó que era fan de *El Secreto* y lo mucho que lo admiraba. Fue un breve encuentro, pero ambos sabían que había sido el resultado de la Ley de Atracción.

Comentario

Es evidente que el pensamiento de Jeannie sobre lo maravilloso que sería conocer a Bob Proctor, puso en acción el poder del Universo para que eso sucediera. Desde luego las vibraciones cósmicas no trasladaron la vivienda de Proctor a cuatro manzanas de la casa de Jeannie. Ambos vivían ya en el mismo vecindario, solo que ella no lo sabía. Pero ante la intensidad de su deseo, el Universo utilizó un recurso del que se sirve a menudo como veremos en otras historias de este libro. Se trata de emplear un «agente» o intermediario para hacerlo actuar de forma que el deseo de alguien se cumpla. En este caso, induciendo al cartero a equivocarse de buzón, en una fecha en que Bob Proctor no estaba de viaje.

La Familia del Día

Otro testimonio fue enviado por la madre de un niño de diez años llamado Colin, que había visto el film *El Secreto* y le encantó. Unos días después la familia de Colin fue a Disneylandia a pasar una semana. El primer día tuvieron que hacer muchas y largas colas en el parque, para acceder a los juegos y diversiones. Esa noche, antes de dormirse, Colin decidió probar la Ley de Atracción y pensó varias veces: «Mañana me montaré en todas las atracciones y no tendré que hacer ninguna cola».

A la mañana siguiente Colin y su familia habían madrugado para situarse delante de las puertas del parque, con la intención de hacer menos colas. Poco antes de abrir un empleado se les acercó y les dijo que habían sido escogidos como «La Familia del Día». Les explicó que por esa distinción se les concedería la categoría de VIP, los acompañaría un guía del parque y tendrían pases para todas las atracciones. ¡Se había cumplido todo y más de lo que Colin había deseado!

Había cientos de familias haciendo colas esa mañana, pero Colin no tenía la menor duda de por qué su familia había sido elegida. Sabía que era porque él había utilizado El Secreto, y se propuso seguir utilizándolo.

Comentario

En este caso el protagonista, Colin, conocía la Ley de Atracción y deseaba creer en ella. Decidió ponerla a prueba para disfrutar un poco más de su viaje por Disneylandia. Como de todas formas se lo había pasado muy bien el día anterior, no había en su mente pensamientos negativos. Eso, más el tener muy claro su deseo y expresarlo varias veces en su interior, aseguró la correcta recepción del pedido y la rápida concreción de su deseo.

Una curación milagrosa

Uno de los testimonios más dramáticos es el de Morris Goodman, quien aparece en la película *El Secreto* narrando el caso de su impresionante curación después de un accidente aéreo. Al estrellarse el avión en que viajaba, Morris quedó paralizado de cuello para abajo y con el diafragma totalmente destrozado. Su caso era tan difícil que los médicos lo confinaron a quedar conectado a un respirador artificial de por vida.

Pero Morris era un hombre del nuevo paradigma que creía en su estrecha relación con el Universo. Por lo tanto sabía cómo enfocarse su deseo para recuperar su salud. Y así lo hizo, durante toda su estancia en el hospital se esforzó en visualizar su deseo complido, se imaginaba caminando y gesticulando; utilizaba todos los momentos posibles para dibujar mentalmente una imagen positiva que mantuviera su convicción de sanar.

Entonces su estado de salud comenzó a recuperarse poco a poco, y lo primero que sucedió fue que recibió un mensaje intuitivo que lo exhortaba a respirar profundamente. Él cuenta que una voz en su mente le decía «respira hondo». Después de respirar profundamente en repetidas ocasiones su diafragma comenzó a funcionar y pudo respirar nuevamente por sí solo. Los mé-

dicos, asombrados, lo desconectaron del respirador al que según ellos debía haber seguido conectado todos los días de su vida.

Morris Goodman siguió elevando sus vibraciones, y finalmente pudo salir caminando del hospital. Y hasta hoy los doctores no han podido explicarlo, porque era un caso de lesiones muy graves e irrecuperables.

Comentario

Lo que Morris Goodman hizo en realidad, y que los doctores no comprenden, fue lograr alinearse con su deseo, emitir todo el tiempo vibraciones de salud. A pesar de enfrentarse a una discapacidad aparentemente inamovible, totalmente incurable, tuvo el coraje de dejar de atender a su alrededor, aquello que podía distraer su pensamiento, y pensar solo en su deseo de recuperar la salud, imaginándose ya sano en su mente. Actualmente Goodman es un motivador y entrenador especial que es contratado por grandes empresas para estimular a los empleados sobre productividad y cómo alcanzar las metas corporativas.

La casa soñada

La protagonista de este testimonio es una mujer con unos 50 años recién cumplidos, que llevaba una vida humilde y en ocasiones golpeada por las infaltables vicisitudes de la existencia. Se encontraba en un momento de calma tras soportar la tremenda tormenta de un divorcio, y aspiraba a tener un poco de paz y tranquilidad. Al leer el libro *El Secreto* le atrajo su propuesta, y acudió a clases semanales colectivas de un monitor de la Ley de Atracción.

Su sueño «imposible» estaba bien claro, desde siempre le habría gustado tener una hermosa casa al lado de la playa, una de esas casas lujosas, casi mansiones, que se ven tan a menudo en las series de televisión americanas. El vivir en una de ellas siempre había sido un deseo que consideraba inalcanzable. Sus ingresos estaban lejos de poder permitirse hacer siquiera un viaje, para poder ver personalmente algunas de esas casas. Tampoco se veía muy capaz de montar algún tipo de negocios o a hacer algo extraordinario para lograr su sueño, ya que no contaba con un buen nivel de educación ni la preparación o la experiencia adecuadas. Sus posibilidades de conseguirlo parecían tan escasas, que hasta su monitor llegó a confesar más tarde que no tenía muchas esperanzas de que lograse nada... Pero ella estaba decidida, tenía una fe inquebrantable y estaba dispuesta a lograrlo.

Pasaron unos meses y nada sucedía, pero ella persistió mucho más allá de las dos semanas que la mayoría de la gente lo intenta tras leer *El Secreto*. Mientras tanto su vida continuaba. Una de sus aficiones eran los bailes de salón; iba a sesiones semanales de baile, y es allí donde entabló una buena amistad con

una señora de acento extranjero y al parecer de muy buena posición, con la que se había llevado estupendamente desde el primer momento.

Un día esta amiga la invitó a cenar para que pudiera conocer a su marido y sus hijos. En la charla de sobremesa salió el tema de su sueño. A medida que iba contando su historia, le pareció que cada tanto la señora le daba un leve codazo disimulado a su marido, o que a veces ambos sonreían con aire cómplice. Al acabar de contar ella su sueño, el dueño de casa mostró una amplia sonrisa y le comentó:

—Pues fíjate tú por dónde, a lo mejor podemos hacer algo. Como seguro ya te ha explicado mi mujer, soy un hombre de negocios que sale a menudo de viaje, y que por motivos de trabajo me he de mudar de residencia de vez en cuando. Antes vivíamos en Miami, pero ahora las cosas se han sosegado y nos hemos establecido aquí. Vamos, que lo más probable es que nos quedemos por una temporada muy larga.

—Sin embargo —continuó el hombre— aún tenemos el chalet de la playa en Miami, al que solemos ir de vacaciones un par de semanas al año. El problema es que la casa empieza a resentirse por el abandono y, antes de que el deterioro vaya a más, estábamos pensando en contratar a alguien para que viva allí y se encargue de cuidar la casa y el jardín. ¿Estarías tú interesada en ese puesto?

Como es de suponer, nuestra protagonista aceptó la oferta con eufórico entusiasmo. Lo último que supimos de ella es que partía para Miami a vivir en una casa que nunca se hubiera podido permitir, y encima cobrando por vivir en ella. Estaba entusiasmada porque la casa era realmente preciosa, todavía mejor de lo que había soñado, y mientras lo contaba le rodaban por las mejillas lágrimas de felicidad...

Comentario

La Ley de Atracción a veces actúa de formas realmente inesperadas, creando «casualidades» que difícilmente pueden atribuirse al azar. El hecho de que la mujer extranjera asistiera a la misma clase de baile, o que en ese momento su marido pudiera reducir sus continuos viajes de negocios para radicarse en un hogar más fijo, y que ambos decidieran conservar su antigua casa en Miami, no pueden obedecer a simples coincidencias. Menos aún, que justo cuando la señora invita a cenar a la protagonista, esta cuente su sueño y los anfitriones decidan contratarla para que cuide del chalet en la playa. En esta ocasión el Universo tuvo que tejer una labor muy compleja, para satisfacer un ferviente deseo que parecía irrealizable.

Veamos ahora el testimonio más sorprendente y complejo de los que exponen un deseo cumplido por la Ley de Atracción. Y de paso, muestra cómo el Universo siempre responde a las actitudes positivas, incluso en los casos más difíciles.

Una creación milagrosa

Testimonio personal de Melisa (India)

Fue hace unos doce años, y yo me había casado unos tres años antes. En esa época se produjo una fuerte recesión y nos vimos obligados a cerrar nuestro negocio, porque estábamos cerca de la bancarrota. Para nuestra mayor desdicha, el mismo año, a mi único hijo le diagnosticaron una leucemia, el niño tenía poco más de dos años. Entonces descubrí que hay problemas de los que no se puede pretender estar a salvo. Eso no es todo: mi suegra seguía un tratamiento por un cáncer de mama, y mi marido estaba destrozado por completo. Para él era el fin del mundo.

Fue en ese momento cuando decidí hacerme cargo de la situación. Le dije a mi marido y a cada miembro de mi familia que no se permitiría a nadie derramar una sola lágrima y tuvieron que aceptarlo; yo la primera. Intenté ser positiva y no tratar a mi hijo como un enfermo, sino considerarlo como un niño normal y darle todo el apoyo moral para poder pasar por las pruebas y la quimioterapia. A lo largo de su tratamiento mantuvimos una cotidianidad alegre y feliz, y de hecho el niño solía ir al hospital contento y era muy querido por los médicos y enfermeras, superando finalmente su enfermedad.

Gracias a mi actitud positiva salimos, poco a poco, de nuestros problemas financieros como para volver a vivir dignamente, pagando la educación de nuestro hijo y la de sus hermanos que llegaron después.

Comentario

Esta es quizá la historia más «mágica» de las que se han enviado como testimonio. Además de ser una demostración de éxito total de la Ley de Atracción, esta actuó sobre dos aspectos clave en la vida de una persona: la buena salud y el bienestar económico. Nos muestra que el Universo tiene a veces formas extrañas y rebuscadas para dar lo que se le pide, pero que finalmente siempre cumple.

Los pensamientos envían una señal magnética, que está atrayendo hacia ti una señal paralela.

Dr. Joe Vitale
(Metafisico y pastor)

Un corte de pelo

Testimonio personal de Gabriela Gardelin

Hace unos días fui a la peluquería, porque deseaba recortarme un poco las puntas. Nada especial, solo recortar unos pocos centímetros del pelo que me llegaba a la cintura. Había tardado tantos años en conseguir esta melena tan larga que era feliz tal cual estaba.

Para mí ir a la peluquería es siempre un suplicio, y es por ello que solamente voy dos veces al año. ¿Por qué es un suplicio? Porque nunca respetan mi decisión. Siempre le pido al estilista que no corte demasiado. Pero no importa a cuántas peluquerías diferentes vaya, el resultado siempre es el mismo: no respetan mi decisión y hacen lo que ellos quieren. Esto es algo que siempre había notado, pero no me había detenido a analizar la causa. Es más fácil

creer que la culpa es de los otros, en este caso del peluquero que no respetaba mi decisión. Pero un día conocí la Ley de la Atracción. Ahora sé que cada cosa que llega a mi vida es porque yo misma la estoy atrayendo con mis pensamientos…

A pesar de conocer y aplicar la Ley de la Atracción en mi vida desde hace varios años, nunca me había detenido a pensar en esta relación. Hace unos días fui a la peluquería para que me recortaran las puntas, teniendo en mente la imagen de su extensión hasta la cintura. Segundos antes de cortar la estilista me preguntó:

—¿Quieres que mantenga el largo, verdad?

A lo que obviamente respondí que sí, pensando que la Ley de Atracción comenzaba a funcionar. ¿Cuál fue el resultado? ¡Que me cortó más de treinta centímetros!

Después, mirándome al espejo desolada, entendí que la estilista me había dado involuntariamente una gran lección. Siempre, desde pequeña, tenía miedo que me cortaran mucho el cabello. Y el problema se repetía una y otra vez. ¿Por qué sucedía eso? Digo sucedía porque ya no volverá a suceder. Ahora comprendo la causa, y al eliminar la causa se elimina la consecuencia.

Algo en mi niñez tuvo que haber activado este sentimiento de miedo al entrar en una peluquería. No recuerdo cuándo fue, pero eso no fue lo más importante para superar este obstáculo en mi vida.

Lo importante es comprender que a pesar de que mi mayor deseo era mantener mi pelo largo, algún recuerdo se activa en mi subconsciente, y causa el miedo. ¿Miedo a qué? A que me corten mucho el cabello.

Así como estoy alineada para atraer a mi vida cosas maravillosas, también mi relación con el Universo puede atraer aquello que no deseo. Centré mi atención en que no quería que me cortaran el cabello más de lo necesario. Imaginé en algún momento aquello que no deseaba y eso motivó que todo saliera al revés. E incluso le agregué una fuerte carga emocional negativa, ya que el recuerdo de situaciones pasadas me angustiaba más.

Comentario

La historia de Gabriela y su corte de pelo puede parecer en principio banal y poco interesante. Pero en este caso no importa la frivolidad del tema, sino problema que plantea el mecanismo de la Ley de Atracción. Si existe un pensamiento negativo que permanece desde la infancia, esa imagen del subconsciente puede reaparecer, eclipsando de la mente consciente nuestro deseo. La recepción del Universo es entonces confusa, y su respuesta puede despertar antiguos miedos y transmitir un mensaje erróneo. En este caso la estilista recibió un mensaje equivocado y acabó cortándo más pelo de lo que Gabriela deseaba.

A ti pueden pasarte historias como esta; solo necesitas poner toda tu determinación en lograr tus sueños. Con la Ley de Atracción, la perseverancia siempre obtiene premio.

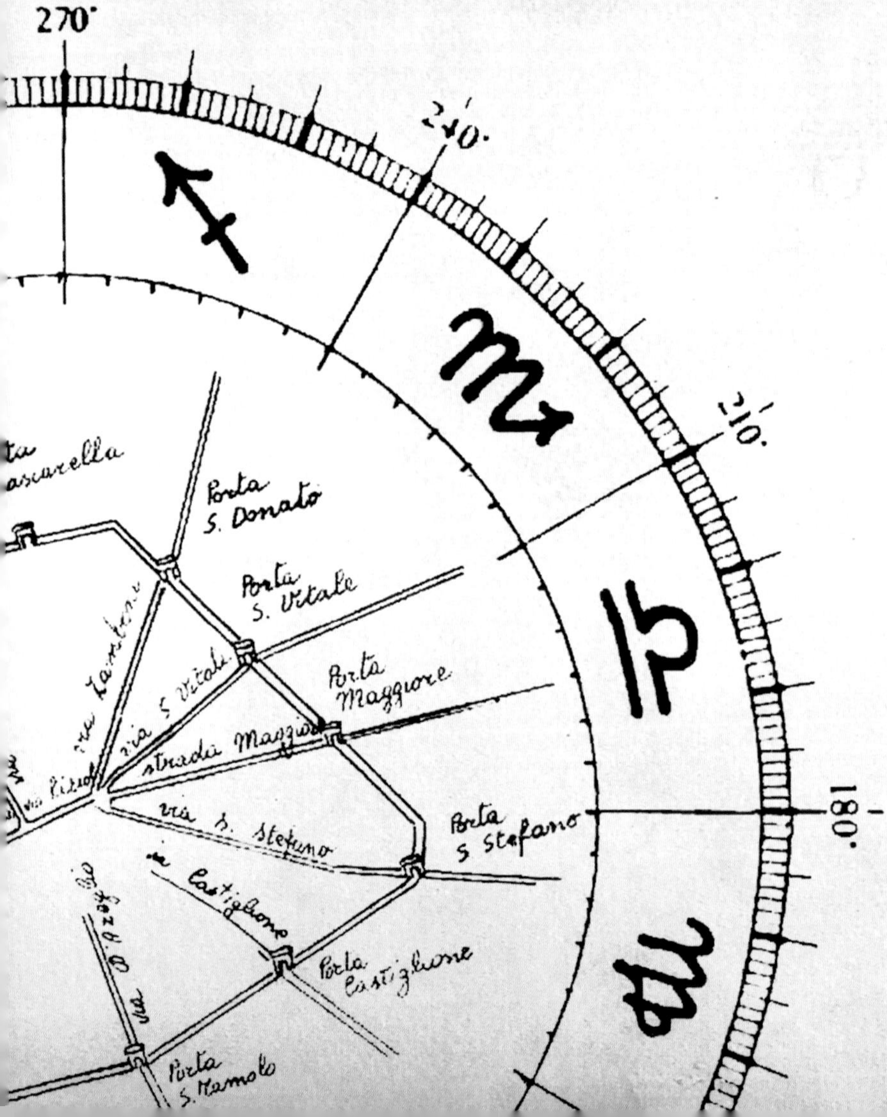
270°
240°
210°
180°
Porta S. Donato
Porta S. Vitale
via S. Vitale
Porta Maggiore
strada Maggiore
via S. Stefano
Porta S. Stefano
Castiglione
Porta Castiglione
Porta S. Mamolo

2.

«Como es abajo es arriba»

Hay una ley que no ha sido establecida por el ingenio de los hombres, ni por el mandato de los pueblos, sino que es algo eterno que rige el Universo, con la sabiduría del imperar y el prohibir.

Marco Tulio Cicerón

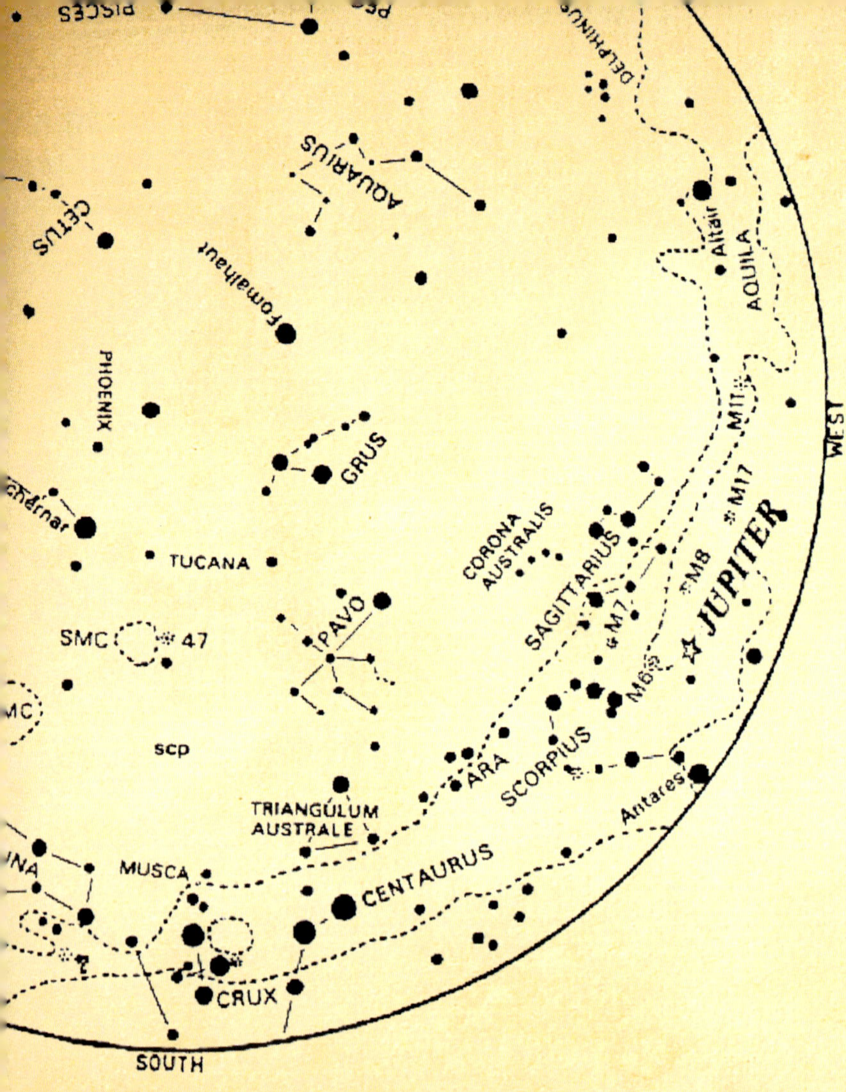
PISCES
DELPHINUS
AQUARIUS
CETUS
Fomalhaut
Altair
AQUILA
PHOENIX
GRUS
WEST
M11
M17
CORONA AUSTRALIS
SAGITTARIUS
M8
JUPITER
TUCANA
SMC
47
PAVO
M7
M6
scp
SCORPIUS
ARA
TRIANGULUM AUSTRALE
Antares
CENTAURUS
MUSCA
CRUX
SOUTH

Desde los comienzos de la historia, los seres humanos han alzado los ojos al cielo ante la adversidad. En todas las épocas y en todas las culturas los hombres y mujeres han buscado allá arriba, en el Universo infinito, la ayuda que ansían para superar sus desventuras. Y lo mismo ocurre hoy. Personas de todas las creencias, e incluso las incrédulas, buscan el favor de los cielos en momentos de desesperación. Quizá todos llevamos oculto un conocimiento innato, por el que nuestra conciencia «sabe» que en lo alto, entre los astros del firmamento, impera un poder cósmico que gobierna todo lo que existe.

Todo lo que llega a tu vida es porque tú lo has atraído.
Y lo has atraído por las imágenes que tienes en tu mente

Bob Proctor

La cita de Proctor hace referencia de la pervivencia actual de un principio cósmico conocido ya por los sabios y magos de la más remota antigüedad. Recordemos el famoso axioma de la Tabla Esmeralda, atribuida al semidiós griego

Hermes Trimegisto, llamado el tres veces sabio: «Como es arriba es abajo; como es adentro es afuera». Es decir, toda imagen o pensamiento que surge dentro de nuestra mente produce vibraciones que salen de ella y se elevan hacia el todopoderoso Universo. Este las devuelve hacia abajo, convertidas en el cumplimiento de la situación que transmite el mensaje recibido. Ese es el principal secreto de El Secreto, y quien lo domina puede alcanzar todos sus deseos.

Lo que somos es resultado de lo que pensamos; estamos hechos de nuestros pensamientos.

Buda

No renunciar a nuestro sueño

A veces el Universo demora su respuesta, y la espera nos lleva a renunciar nuestro deseo. También hay factores externos que pueden hacer que abandonemos la esperanza de lograr lo que más ansiamos. Por ejemplo, personas influyentes en nuestra vida que nos dicen que ese deseo es irrealizable, o critican nuestra fe en el poder del Universo y en la Ley de Atracción; situaciones y problemas vitales que se oponen al proyecto soñado y suponemos insuperables; o incluso la simple rutina cotidiana que apaga nuestra faceta de «soñador».

En ningún caso debemos dejarnos arrebatar nuestro sueño, sean cuales sean los obstáculos o voces negativas que nos impulsan a abandonarlo. Si dejamos que su mensaje deje paso a imágenes de desaliento o de frustración, ya no podremos recuperar aquellas vibraciones positivas que lo transportaban. En cambio, si lo sostenemos con firmeza, e incluso con sacrificio, tarde o temprano la Ley de Atracción hará realidad la imagen de ese sueño.

Para ilustrar la importancia de este principio hemos escogido un caso real y reciente protagonizado por un soñador que se vio ante la opción de abandonar su sueño y supo defenderlo con firmeza.

El chico que soñaba con caballos

Testimonio anónimo

Hace unos meses un grupo de antiguos discípulos nos reunimos para rememorar viejos tiempos. El anfitrión era Burt, un tejano al que yo apenas recordaba de su breve paso por el instituto donde cursábamos nuestros estudios. Nos había preparado una sabrosa barbacoa, y a los postres anunció que iba a contarnos una historia:

—Se trata de un chico que era hijo de un entrenador de caballos itinerante —comenzó Burt—. Su padre viajaba todo el tiempo de establo en establo, de hacienda en hacienda, de granja en granja y de rancho en rancho debido a su trabajo. Con ese plan de vida, los estudios del muchacho sufrían tras-

lados, interrupciones y retrasos, pero finalmente consiguió llegar a los exámenes finales de bachillerato. En la prueba de literatura el profesor les pidió a los alumnos que escribieran una composición sobre lo que deseaban ser cuando fueran mayores.

Esa noche el chico escribió un texto de siete páginas describiendo su sueño: poseer algún día un rancho de caballos. Detalló todos los pormenores de ese lugar, e incluso dibujó un rancho de 80.000 hectáreas, mostrando la disposición de los edificios, los establos y la pista de pruebas. Luego dibujó una detallada planta de una casa de 4.000 metros cuadrados que pensaba levantar en el terreno de sus sueños.

Había puesto todo su corazón en aquel trabajo, y al día siguiente lo entregó satisfecho al profesor. Dos días más tarde recibió el examen de vuelta con una gran S de suspenso y una nota que decía: «Pase por mi despacho después de clase».

Una vez frente al profesor, el chico le preguntó por qué lo había suspendido. El hombre le respondió:

—Este es un sueño demasiado irreal para un muchacho como tú. Provienes de una familia itinerante y no tienes fortuna ni recursos. Ser propietario de un gran rancho requiere un montón de dinero. Has de comprar el terreno, construir o reparar los edificios e instalaciones, adquirir las primeras yeguas y sementales, registrar su linaje, contratar caballerizos y peones, y otra serie de elevados gastos iniciales que tú conoces mejor que yo. ¡No hay forma de que puedas conseguirlo! —Al ver la expresión abatida de su alumno, el profesor agregó—, pero si vuelves a redactar ese texto, describiendo un sueño más realista, puedo reconsiderar tu suspenso.

El muchacho regresó a su casa y durante varios días reflexionó sobre la situación. Sus sentimientos luchaban entre la necesidad de culminar sus estudios, satisfaciendo al profesor, y el pujante deseo de no renunciar a su sueño. Finalmente decidió devolver al profesor su escrito tal cual estaba, y le dijo desafiante:

—Quédese usted con su suspenso, que yo me quedo con mi sueño.

Burt interrumpió su relato para mirarnos uno a uno, antes de retomar la palabra:

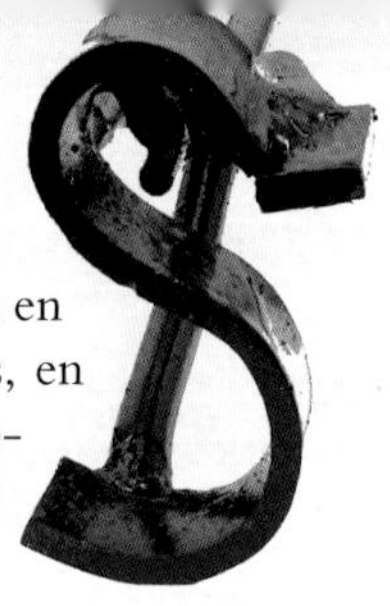

—Os he contado esta historia, porque estáis sentados en el salón de mi casa que tiene 4.000 metros cuadrados, en medio de mi rancho de caballos de 80.000 hectáreas. Todavía conservo aquel examen con la gran letra S, enmarcado sobre la chimenea. El profesor que intentó romper mi sueño vino a visitarme hace dos veranos. Me dijo que aún utilizaba para sus alumnos la misma prueba, solo que ahora premiaba con la E de excelente aquellos alumnos que expresaban un sueño por irreal que fuera.

Comentario

Desde el punto de vista de la Ley de Atracción, ningún deseo es demasiado grande o excesivo para quien esté dispuesto a conseguirlo. No hay límites en la capacidad del ser humano para obtener todo lo que desee, si sabe sostener su mensaje a la Ley del Universo. Burt hizo una fuerte apuesta al enfrentarse al profesor de literatura, rechazando utilizar su sueño como moneda de cambio para obtener un aprobado en el último examen de bachillerato. Para él era impensable renunciar al rancho de caballos que imaginaba, reduciéndolo a un sueño más «posible». Quizá porque intuía que para conseguir lo que se ajustaba a sus posibilidades, no era necesaria la ayuda de la Ley de Atracción.

La clave de nuestra relación con el Universo es precisamente la posibilidad de hacer realidad lo que parece inalcanzable. Para conseguirlo es fundamental defender las imágenes mentales de lo que deseamos, y no dejar que nada nos arrebate nuestros sueños. El narrador de la historia de Burt no aporta detalles de cómo este consiguió por fin poseer su rancho de caballos; qué dificultades debió vencer, o cómo la Ley de Atracción configuró sus pasos. Pero lo importante es que obtuvo lo que deseaba, y ahora mismo lo está disfrutando.

El lago congelado

Historia urbana

Aunque el día era nublado y bastante frío, dos niños patinaban confiados y alegres en un lago helado en medio del parque. Ambos eran buenos patinadores, y competían por ver quién conseguía hacer la pirueta más difícil. Uno de ellos lanzó un grito para animarse y dio un salto espectacular que lo llevó muy alto. Pero al caer con fuerza las cuchillas de sus botas quebraron la capa de hielo, y las piernas del niño se hundieron en el agua dejándolo atrapado hasta la cintura.

Al ver lo ocurrido su amigo corrió velozmente hasta orilla y cogió la primera piedra que encontró. Regresó con igual rapidez junto al accidentado y comenzó a golpear el hielo que le impedía salir de aquel agujero. Con gran esfuerzo logró finalmente romper algunas placas, lo suficiente para poder agarrar a su amigo por los brazos, arrastrarlo hasta tierra firme y sacarlo ileso. Mientras tanto alguien había llamado al servicio de emergencias, que acudió a los pocos minutos. Los socorristas no podían creer lo sucedido.

—La capa de hielo es demasiado gruesa, —decía uno— y esa piedra demasiado dura, —acotaba otro—. Un niño de nueve años no puede hacerlo —afirmaba el tercero—, no tiene tanta fuerza en los brazos y sus manos son muy pequeñas….

En ese momento intervino un jardinero ya mayor que había presenciado la hazaña infantil:

—Yo sé por qué pudo hacerlo —declaró sonriendo.

—¿Por qué? —preguntaron asombrados los socorristas.

—Lo hizo porque en el lago no había nadie que le dijera que no podría hacerlo.

Comentario

La historia del lago helado es un ejemplo de que no hay límite para la Ley de Atracción, siempre que nuestra mente actúe de

forma positiva y sin ataduras. El niño salvador era en ese momento feliz, patinando y jugando con su amigo. Por lo tanto no abrigaba imágenes negativas, ni la idea de que pudiera ocurrir algo malo.

Al producirse el accidente decide entrar en acción. Pero como suele ocurrirnos a todos, antes de actuar cruza por su mente la imagen de lo que quiere conseguir. Esa imagen llega al Universo, que utiliza la Ley de Atracción para dotar al niño de la fuerza y la decisión necesarias para culminar con éxito su deseo.

Como bien dice el anciano jardinero, ese éxito se debe en parte a la ausencia de otras personas que, con sus advertencias negativas, hubieran podido disuadir al niño de su intento. Todo es posible para nuestra mente, pero debemos mantener en ella nuestro deseo, sin dejar que nada interfiera en el mensaje que enviamos al Universo.

Encuentros predestinados

Las tradiciones japonesas tienen la creencia de que los dioses del cielo escogen a las personas predestinadas a conocerse, y las unen por medio de un hilo rojo anudado al dedo meñique. Ese lazo es invisible y permanece atado a cada una de ellas a pesar del tiempo, de la distancia y los acontecimientos. No importa si han dejado de verse, o si se han disgustado por una discusión. El hilo puede enredarse o tensarse, pero nunca se puede romper. Siendo así, habrá un día en que esas personas se encontrarán, si no se conocen, o volverán a reunirse si es que antes ya estuvieron juntos. Entonces compartirán una vida feliz y dichosa sin separarse jamás.

Otra leyenda sobre este hilo rojo cuenta que un anciano que vive en la Luna, símbolo del Universo, sale cada noche y busca entre las almas aquellas que están predestinadas a unirse en la Tierra, y cuando las encuentra las ata con un hilo rojo para que no se pierdan. La leyenda más popular que ejemplifica esta creencia, y que se relata en casi todos los hogares a los niños y jóvenes, es la siguiente:

El lazo rojo
Leyenda del antiguo Japón

Hace mucho tiempo un emperador se enteró de que en una de las provincias de su reino vivía una bruja muy poderosa que tenia la capacidad de poder ver el hilo rojo del destino, y la mandó traer ante su presencia. Cuando la bruja llegó, el emperador le ordenó que buscara el otro extremo del hilo que él tenía atado al meñique y lo llevara ante la que sería su esposa. La bruja accedió a esta petición y comenzó a seguir y seguir el hilo. Esta búsqueda la llevó hasta un mercado en donde una pobre campesina sentada, y con una niña de meses en sus brazos, vendía sus productos.

Al llegar junto a ella, la bruja le dijo que se levantara. Luego se acercó al joven emperador y le comentó: «Aquí termina tu hilo». Al oír esto el monarca se enfureció creyendo que la bruja se burlaba de él al señalar a aquella mísera mujer, que además era ya madre y no doncella. Empujó a la campesina, que todavía llevaba a su pequeña hijita en los brazos, y la tiró al suelo. La pequeña se golpeó contra una piedra y se hizo una herida en la frente. La madre la apretó contra su pecho y echó a correr, perdiéndose entre la multitud que llenaba la plaza. El emperador, aún más furioso por haber causado ese involuntario

daño, culpó a la bruja y ordenó a sus guardias que la detuvieran y le cortaran la cabeza.

Pocos años después el imperio fue amenazado por una feroz horda bárbara, que resultó derrotada por unas improvisadas tropas de labriegos. El líder de esa hazaña se convirtió en un héroe popular, y el propio emperador lo nombró general de sus ejércitos. Cuando llegó el momento en que el monarca debía casarse, sus consejeros le sugirieron que desposara a la hija de aquel general tan poderoso e influyente. El joven soberano aceptó el consejo, y se fijó el día de la boda. Al iniciarse la suntuosa ceremonia, la novia entró al templo luciendo un hermoso vestido y un velo nupcial que le cubría totalmente el rostro. Cuando el emperador alzó aquel velo para ver por primera vez a su futura esposa quedó admirado por su magnífica belleza, apenas atenuada por la fina cicatriz que le marcaba la frente.

Comentario

Hay quien dice que esta leyenda surgió cuando los antiguos médicos anatomistas japoneses descubrieron la arteria lunar, pensando que conectaba el corazón con el dedo meñique (en realidad nace en la parte superior del brazo, y se bifurca en la palma de la mano). Desde luego esa arteria es roja, y se comenzó a decir que los hilos rojos del destino ligaban los meñiques para unir los corazones; es decir, simbolizaban el interés compartido y la unión de los sentimientos. Pero esa ligazón no podía responder al azar, sino a la decisión de alguna instancia superior. En el sintoísmo, la religión más antigua de Japón, las kami o deidades no se consideran dioses como los que se adoran en otras religiones. El término significa «lo que está arriba», «lo superior», unos poderes indefinidos que proceden del cielo, es decir del Universo. Durante el período Edo (1603 a 1867) algunas mujeres se cortaban el dedo meñique para demostrarle al marido su fidelidad. Esa amputación se consideraba un símbolo de completa lealtad, algo similar a lo que siguen haciendo hoy en día los miembros de la mafia yakuza, como símbolo de obediencia a su jefe «oyabun». Y por eso los niños entonan todavía esta canción infantil: «Yubikiri genman, uso tsuitara hari senbon nomasu... (Promesa de meñique, si no la cumplo me tragaré mil agujas...)».

Demasiadas coincidencias

Adaptación de un testimonio de Squire Rushnell

Alice Marina deseaba encontrar al hombre adecuado para casarse y formar un hogar, pero sus relaciones amorosas siempre terminaban en una ruptura. Estaba ya bien entrada en la treintena, y su carácter se había amargado y deprimido a causa de esos continuos fracasos sentimentales. Para colmo, sus médicos le diagnosticaron una esclerosis múltiple, enfermedad degenerativa que afecta al sistema nervioso. Aunque en su caso la medicación pudo reducir los principales síntomas, su mal era crónico y Alice se fue resignando a una vida limitada y solitaria. A instancias de una de sus primas, aceptó formar parte de un grupo de apoyo a personas solteras. Cuando vio a su coordinador, llamado Jack Totah, quedó absorta por la intensidad de sus ojos castaños y la carga eléctrica que sintió al darle la mano. Al terminar la sesión del grupo, Jack la invitó a tomar un café, y durante casi tres horas hablaron de todo lo humano y lo divino. Fue entonces cuando Alice comprendió, conscientemente o no, que había un poder en el Universo, una ley cósmica que impulsaba su atracción hacia Jack Totah.

Durante la animada conversación, Alice le comentó que la semana siguiente tenía que viajar a Victoria, Texas, para asistir a la boda de su prima favorita.

—¡No puedo creerlo! —exclamó Jack—. Yo también debo estar en Victoria la semana que viene para se testigo de la boda de mi primo, que se casa con una ginecóloga.

Alice palideció y cogió impulsivamente la mano de Jack.

—Mi prima también es ginecóloga… —dijo con un hilo de voz.

Ambos comprendieron atónitos que se trataba de la misma ceremonia. Cuando Jack propuso que hicieran juntos el viaje, Alice se estremeció. Sin duda la Ley de Atracción estaba llevándola con insólita rapidez hacia un destino que le hacía temblar el corazón. Durante el trayecto hasta la pequeña localidad tejana no dejaron de charlar y reír como felices enamorados. Alice aprovechó para revelarle a Jack su enfermedad, y el joven se mostró compren-

sivo y solidario, sin un atisbo de decepción. Luego, en la fiesta nupcial, bailaron sin cesar como si flotaran entre nubes.

Cuando Jack acompañó a Alice hasta la puerta de la casa de sus tíos, le dio un intenso beso de buenas noches. Y el corazón de ella volvió a agitarse de placer y alegría.

Al día siguiente Jack vino a buscar a Alice para dar un paseo, y ella le presentó a su querido tío Charlie.

—¿Jack Totah? —se asombró Charlie—. Hace tiempo conocí a alguien llamado Totah, Nabe Totah. ¿No serás pariente de él?

—¡Claro que sí! —respondió risueñamente Jack—. Es mi tío preferido, que vive en California.

Charlie, visiblemente conmovido, les contó que había conocido a Nabe Totah hacía muchos años, en el barco en el que ambos emigraron a América. Los dos jóvenes habían forjado una estrecha amistad, pero una vez en los Estados Unidos tomaron distintos rumbos y no habían vuelto a verse. Otra sorprendente casualidad, que dejó pasmado a Jack y emocionó a Alice.

El noviazgo siguió su curso, y unos meses después Alice y Jack celebraron su propia boda. Asistieron a la ceremonia el tío Charlie de Victoria, Texas, y el tío Nabe de Fremont, California. Los dos retomaron con entusiasmo su vieja amistad, después de cincuenta años de separación.

—Un verdadero milagro —comentó Charlie a su sobrina—. Parecen demasiadas casualidades…

—¿Casualidades? —repitió ella—. No, querido tío, han sido los pasos que dio la Ley de Atracción para unirme a Jack.

Vivimos en un Universo donde existen leyes, al igual que la ley de la gravedad. Si te caes de un edificio, no importa quien seas, chocarás contra el suelo.

Michael Bernard Beckwit
(Maestro de meditación científica)

Nuestro doble en el cristal

Existe un mito muy antiguo, asociado a la Ley de Atracción, que asegura que cada individuo tiene un doble exactamente igual pero no humano, que solo lo vemos cuando nos miramos en un espejo. Ambas partes buscan volver a reunirse por efecto de la Ley de Atracción, y según los maestros herméticos llegará un día en que eso ocurra, para bien o para mal de la humanidad.

El espejo ha ocupado también, desde siempre, un lugar importante en la mitología. La imagen reflejada se ha identificado a menudo con el alma o espíritu, como por ejemplo, en la creencia de que los vampiros, cuerpos sin alma, no pueden reflejarse en él. Otra versión sobre la esencia tenebrosa de la imagen del espejo es la vieja costumbre de que cuando alguien estaba agonizando se cubrían los espejos, por temor a que el alma del moribundo pudiera quedar atrapada por el maligno doble que habitaba en ellos. Ese temor a los espejos se manifiesta en una leyenda de origen milenario que reproducimos a continuación:

Los espejos rebeldes

Leyenda celta

Cuenta esta antigua leyenda que hace muchísimos años, tantos que la memoria no alcanza a recordar, aun no se conocían los espejos. Todos los individuos tenían un doble de sí mismos, una réplica viviente que habitaba pacíficamente en este mundo sin interferir en absoluto en la vida de su modelo original. Nadie se cruzaba nunca con su doble, porque así eran las cosas y no se sabía por qué ley no escrita, ni dictada por quién, les estaba prohibido transitar por los mismos lugares.

Pero en un determinado momento la ambición se apoderó de aquellos etéreos personajes. Quisieron ser únicos, someter a los seres de carne y hueso y apoderarse del mundo conocido. Formaron ejércitos que traspasaron las fronteras prohibidas, al tiempo que los humanos también se armaban para defenderse. Se desataron cruentas y furiosas batallas; una guerra de nunca acabar, en la que las bajas de uno y otro bando ya nadie podía contar. Se dice que entonces nació el viejo adagio: «Una guerra no es tal hasta que un hermano no mata a su hermano».

En medio de esos combates fratricidas comenzaron a escucharse unos cánticos provenientes de un lejano monasterio enclavado en las montañas. Sus hipnóticas notas lo invadieron todo, ocuparon cada rincón del mundo y hechizaron a los combatientes, dejándolos inmóviles. Los monjes entonces cogieron a los dobles uno a uno, y los introdujeron en unos luminosos cristales que habían recibido de la mano de no se sabe qué divinidad. Los cánticos cesaron, y los guerreros humanos despertaron del hechizo para celebrar su victoria. A partir de aquel día nuestros dobles viven encerrados en los luminosos cristales, condenados a repetir eternamente cada uno de nuestros movimientos. Solo pueden descansar de esa agotadora y repetitiva penitencia cuando nos alejamos a una distancia considerable de los espejos.

Hay quienes dicen que nuestros dobles especulares aprovechan esos momentos de descanso para urdir una sublevación que los libere de su condena eterna. Algunos afirman que la rebelión de los espejos ya ha comenzado lentamente; que ya se pueden ver pequeños indicios, como una mano que no repite exactamente el movimiento de la mano real, un leve giro de cabeza que no es acompañado por la imagen del espejo, una mirada que se dirige hacia otro punto. Pequeñas señales que sugieren que la guerra ya ha comenzado.

Incluso hay más. Algunos sabios afirman, y lo comentan en voz muy baja, que nunca hemos ganado ninguna guerra, que eso es solo una ilusión que nos hacen creer nuestros inasibles dobles, y que en verdad somos nosotros los que vivimos presos en un espejo, condenados por la eternidad a repetir los movimientos, los gestos y las miradas de nuestros dobles. Afirman también que hace mucho tiempo fueron ellos quienes ganaron la guerra y nos dejaron aquí, presos, con la sola ilusión de una rebeldía que algún día, quizás, nos permitirá empezar por no mover una mano, no acompañar un giro, no obedecer una mirada.

Comentario

Desde que los egipcios y los babilonios descubrieron que una placa de metal pulido reflejaba todo lo que se le ponía delante, esos espejos metálicos, y después los de cristal, se consideraron como objetos mágicos. Quien sabía leer en ellos podía adivinar hechos lejanos o predecir el porvenir. Ya las antiguas tradiciones hebreas hablan de un espejo que Yavé otorgó al rey Salomón para que gracias a su hechizo fuera el más sabio de todos los hombres. A lo largo de la historia esa tradición legendaria se hizo universal y sobrevivió hasta nuestros días. La narración más ilustre sobre el tema corresponde a Lewis Carrol, que en la segunda parte de *Alicia a través del espejo* expone con talentosa imaginación la idea del espejo como entrada a un mundo que es reverso del nuestro.

También Oscar Wilde en el cuento *El pescador y su alma* presenta un «espejo de la sabiduría» en el que se reflejan «todas las cosas del cielo y de la tierra excepto el rostro de quien se mira en él». Y ya más próximo en el tiempo tenemos el «espejo de Galadriel» capaz de mostrar el futuro, en la famosa saga de J. R. R. Tolkien *El señor de los anillos*, llevada al cine con notable éxito. Y hablando de cine no podemos olvidar el espejo que juzga la belleza de la madrastra de Blancanieves, el primer largometraje animado de Walt Disney, o el «espejo de los deseos ocultos» en las aventuras de Harry Potter. El gran escritor Jorge Luis Borges confesó en varias ocasiones su fobia a los espejos, que asociaba a la idea de la identidad robada.

12 LOOKING-GLASS HOUSE.

glass, and had jumped lightly down into the Looking-glass room. The very first thing she did was to look whether there was a fire in the

Nos acecha el cristal. Si entre las cuatro
paredes de la alcoba hay un espejo,
ya no estoy solo. Hay otro. Hay el reflejo
que arma en el alba un sigiloso teatro.

J. L. Borges
El Espejo (Fragmento)

3.

La explicación científica

Lo más incomprensible del Universo,
es que sea comprensible.

Albert Einstein

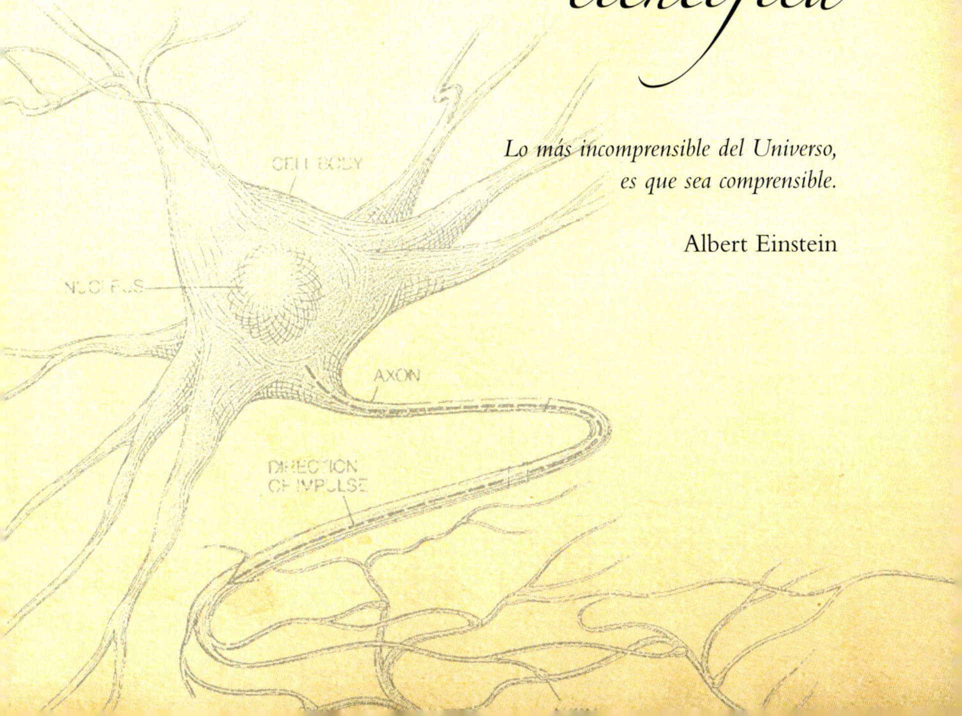

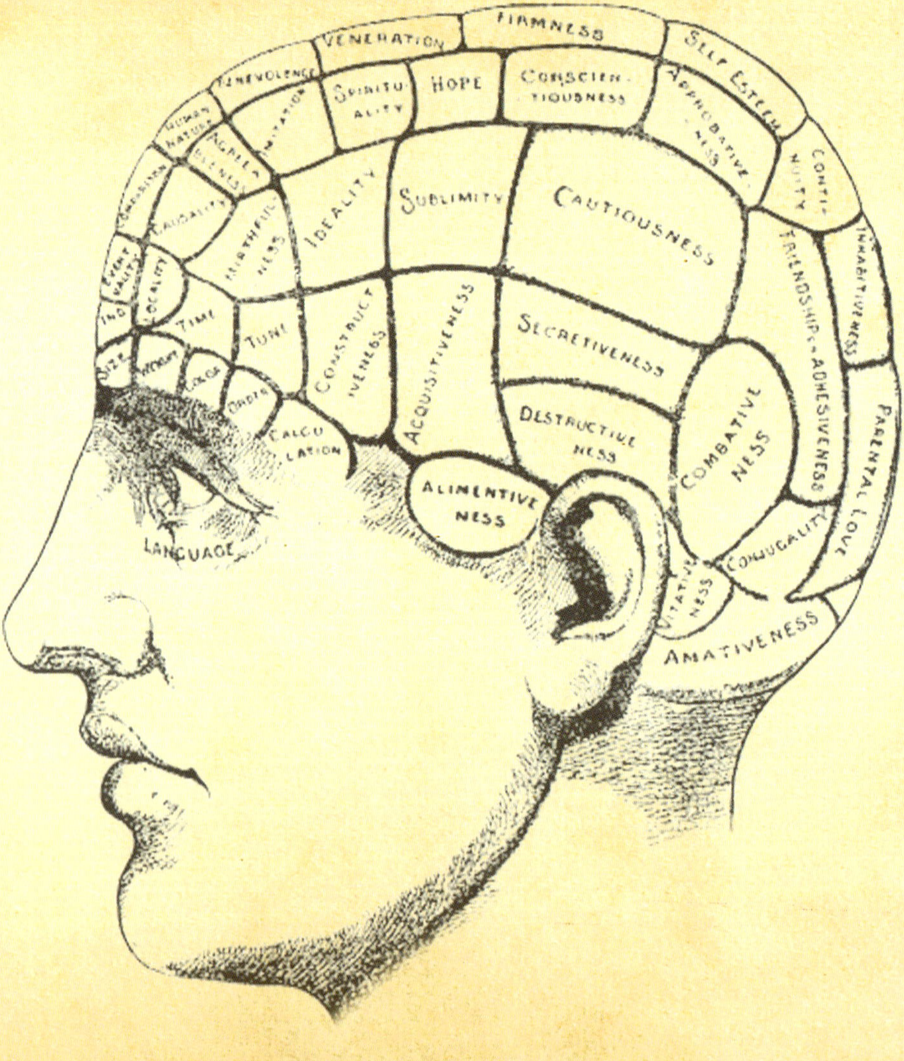
FIRMNESS
VENERATION
SELF ESTEEM
BENEVOLENCE
SPIRITU-ALITY
HOPE
CONSCIEN-TIOUSNESS
APPROBATIVE-NESS
HUMAN NATURE
IMITATION
CONTI-NUITY
CAUSALITY
MIRTHFUL-NESS
IDEALITY
SUBLIMITY
CAUTIOUSNESS
FRIENDSHIP-ADHESIVENESS
INHABITIVENESS
EVENT-UALITY
LOCALITY
TIME
TUNE
CONSTRUCT-IVENESS
ACQUISITIVENESS
SECRETIVENESS
DESTRUCTIVE-NESS
COMBATIVE-NESS
PARENTAL LOVE
SIZE
COLOR
ORDER
CALCU-LATION
ALIMENTIVE-NESS
LANGUAGE
CONJUGALITY
VITATIVE-NESS
AMATIVENESS

Pese a lo que digan los incrédulos, los más recientes descubrimientos científicos no se oponen a las revelaciones de El Secreto. Por el contrario, la física cuántica y los últimos descubrimientos de la neurología, confirman y explican la mayor parte de sus postulados. La astrofísica, por ejemplo, establece que el Universo surgió de la gigantesca explosión nuclear de un punto teórico de dimensión cero, pero con una masa descomunal y una increíble carga de energía. Al producirse el estallido que en inglés se denomina Big Bang o «Gran explosión», la energía liberada creó el espacio, el tiempo y ciertas partículas elementales que se fueron expandiendo.

Estas partículas se unieron entre sí para formar los distintos tipos de átomos, que a su vez se captaron unos a otros para dar lugar a las primeras moléculas. De ellas nacieron las estrellas, que formaron las galaxias que agrupan millones de ellas. Algunas, como nuestro Sol, conforman sistemas planetarios que giran a su alrededor en órbitas constantes sin variar su recorrido ni el tiempo que tardan en cumplirlo.

Las poderosas energías de que dispone el Universo son también las que sostienen esa armonía, que ya Pitágoras había denominado «La música de las esferas celestes».

El éxito nunca llega solo por la suerte, la formación o el trabajo duro. El éxito es una ciencia.

J. A. Ray
(*La ciencia del éxito*)

No hay que ser astrónomo para entender que una Ley de Atracción, expresada por campos magnéticos y fuerzas gravitatorias, dio forma a todo el Universo y rige su funcionamiento. Es decir, que el cosmos fue, es y seguirá siendo el ámbito espacio-temporal de una inmensa energía, que podemos utilizar para obtener el cumplimiento de nuestros deseos.

Según las últimas interpretaciones teóricas, no es necesariamente «este» Universo el que puede enviarnos la respuesta. En las últimas décadas surgió la teoría de los universos múltiples, que sugiere que nuestro cosmos no es el único, sino uno más de varios universos paralelos y semejantes. Esa idea de los universos múltiples se elaboró aplicando la teoría de las cuerdas, como una solución a los problemas de medición que presenta la mecánica cuántica. En todos ellos se manifestarían realidades esencialmente iguales, como si nuestro Universo se multiplicara en un juego de espejos, en una Ley de Atracción en dimensiones cósmicas.

Como cualquier objeto astral o ínfima partícula de polvo espacial, cada uno de nosotros forma parte consustancial del Universo, y puede acceder a la fuerza de su poder. Ese poder mantiene tanto el perfecto equilibrio de los cuerpos celestes, como puede producir el nacimiento de nuevas estrellas o hacer estallar toda una galaxia. Es arbitrario y neutro, no tiene intención ni finalidad alguna, salvo el ejercicio de su propia potencia. No opina sobre nuestra conducta ni juzga nuestros deseos. Simplemente nos devuelve lo que recibe de nosotros, incluso a aquel que nada le solicita y al que ignora o niega su existencia. Esa es de algún modo la esencia de El Secreto: la mente humana tiene la posibilidad de aprovechar la fuerza del Universo para alcanzar lo que más deseamos y apartar todo lo malo de nuestras vidas.

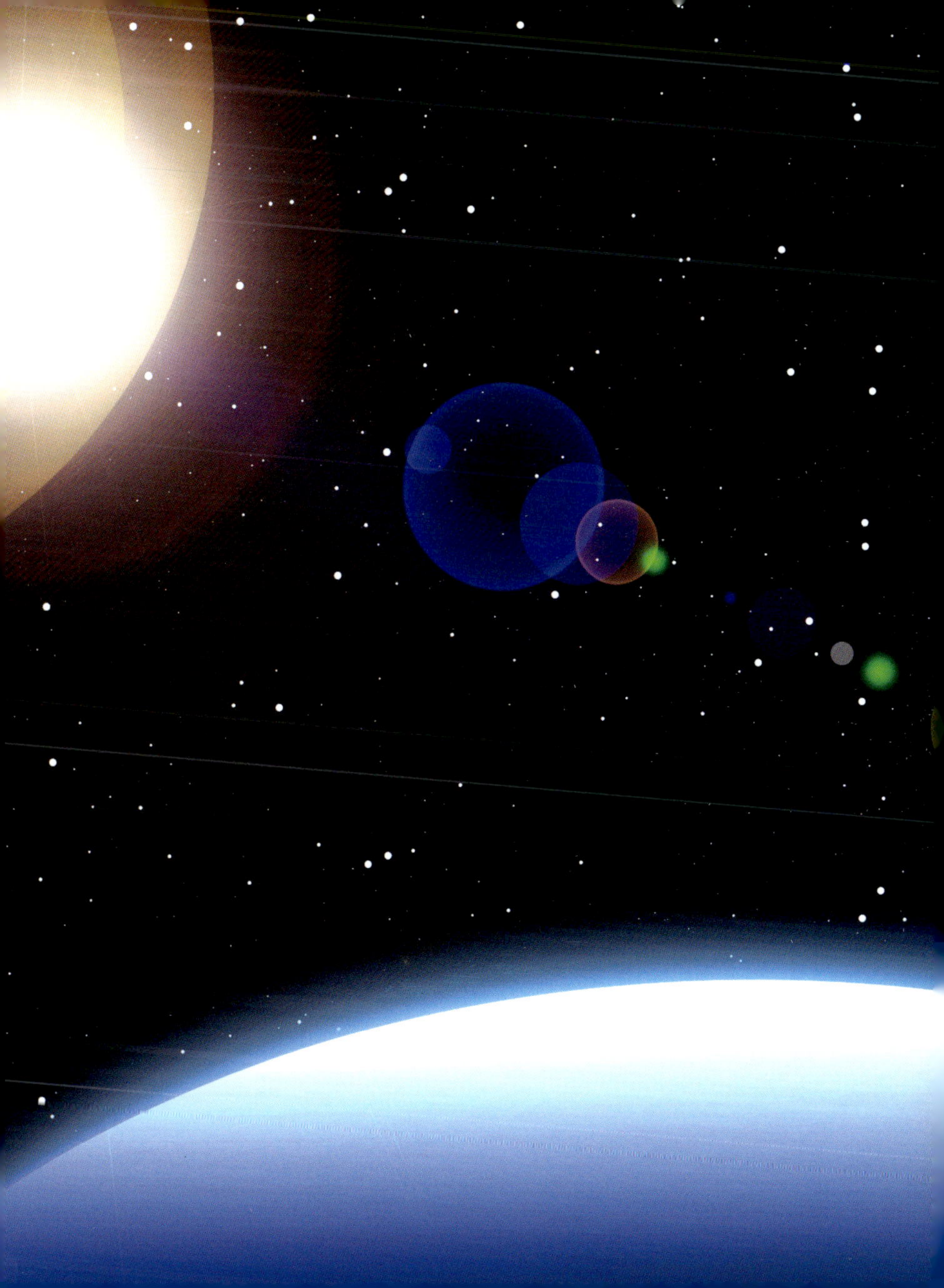

La revelación del astronauta

Los hombres que visitaron la Luna en la segunda mitad del siglo pasado, fueron testigos excepcionales del poder del Universo. Su viaje de ida y vuelta atravesaba el espacio exterior, ofreciéndoles una percepción en directo del silencioso y oscuro ámbito del cosmos. Uno de ellos fue Edgar D. Mitchell, piloto de la misión Apolo 14, cuyo módulo espacial partió hacia nuestro satélite el 31 de enero de 1971. Una vez allí, Mitchell y su compañero Alan Shepard hicieron dos recorridos de más de cuatro horas recogiendo muestras de material geológico, e incluso dieron un paseo por el borde de uno de los típicos cráteres lunares. En el viaje de retorno, Mitchell vivió una reveladora experiencia que le hizo comprender que era parte integrante del poder del Universo.

La presencia de la divinidad se me hizo casi palpable. Sentí que la vida en el Universo no era un accidente debido a procesos aleatorios. Ese conocimiento vino directamente hacia mí.

Edgar D. Mitchell
(Piloto de la misión Apolo 14)

El astronauta narra con mayor detalle ese acontecimiento místico en su libro *The Way of the Explorer.*

Dentro del vacío

Testimonio de Edgard Mitchell

Una maravillosa quietud se difundió en la cabina, con la radiante satisfacción del trabajo bien hecho. Había completado la parte fundamental de mi programa, y todo lo que tenía que hacer ahora era controlar los sistemas de navegación de la nave, que funcionaban perfectamente. Era el momento de considerar serenamente la misión. Podía flotar de espaldas, ingrávido, y observar por la ventanilla del módulo el lento avance del firmamento. Mi mente cayó en ese estado de placidez que ya había experimentado mientras caminábamos por el borde del cráter cónico. Miraba a través del cristal en un completo sosiego, mientras me invadía una creciente sensación prodigiosa; pero sin sospechar lo que estaba por suceder. Tal vez fue el efecto desorientador, o reorientador, de un entorno rotatorio, donde el cielo y la Tierra se alternaban dentro y fuera de mi vista en la pequeña ventanilla de la cápsula. Tal vez el sentimiento de que esta era un santuario protector, después de una incursión de dos días en un ambiente incomprensible. Pero no lo creo. La sensación era completamente extraña, como si hubiera sintonizado con algo mucho más grande que yo, mucho más grande que el planeta que veía por la ventanilla. Algo de dimensión inabarcable, que incluso hoy todavía me desconcierta.

Buena parte de mis pensamientos y sentimientos pasaron entonces por una especie de procedimiento alquímico. La contemplación y el proceso de resucitar recuerdos tal vez sirvieron para iluminar las sombras de aquel peculiar acontecimiento. Mirando más allá de la propia Tierra hacia el magnífico escenario, tuve un asombroso reconocimiento de que la naturaleza del Universo no era como yo había pensado hasta entonces. Mi creencia en la distintiva separación y la relativa independencia de movimiento de los cuerpos espaciales quedó quebrantada. Se expandieron nuevos conocimientos, junto a un sentimiento de ubicua armonía, un sentimiento de total interconexión con los cuerpos celestes que rodeaban nuestra nave. Ciertos hechos científicos sobre la evolución es

telar adquirieron un nuevo significado. No fue una experiencia «religiosa» o ultraterrena, como muchos habían intentado clasificar en situaciones similares. Ni tampoco significaba que yo hubiera alcanzado de pronto un conocimiento científico totalmente nuevo. Era apenas un indicador, una señal mostrando la dirección hacia nuevos puntos de vista y hacia una mayor comprensión. El ser humano es parte de un proceso en continua evolución; un proceso más amplio e inteligente que lo que pueden describir correctamente las ciencias clásicas o las tradiciones religiosas. Sentí que yo era parte de un proceso natural más grande de lo que previamente entendía, y que estaba alrededor de mí en ese módulo de comando, mientras volaba hacia la Tierra a través de 240.000 millas de espacio negro y vacío.

Comentario

En 1973, dos años después de su regreso, Mitchell y el empresario Paul N. Temple reunieron un grupo de asociados para fundar el IONS (Institute of Noetic Science) cuyo fin es investigar y difundir los poderes ocultos del ser humano y su relación con la fuerza del Universo. La noética es, hoy por hoy, una de las disciplinas más novedosas e inquietantes dentro de las ciencias de la mente. La comunidad científica tiende a recelar de sus propuestas teóricas, pero investigaciones como las llevadas a cabo en la Universidad de Princeton o en el ICRL (International Consciusness Research Laboratory), los trabajos de la doctora Lynne McTaggart, o los experimentos del equipo de Edgard Mitchell están aportando datos comprobables y contrastados sobre la influencia de la conciencia y los sentimientos de operadores humanos sobre ciertos procesos mecánicos, electrónicos, ópticos, acústicos o de fluidos en una nueva ciencia que denominan «noética». Un previsible avance futuro de la noética podría revolucionar nuestra idea actual sobre la relación entre los humanos y los instrumentos materiales, en tanto ambos forman parte del poder del Universo.

Una mente maravillosa

No sólo el desarrollo de la astrofísica y la física cuántica proporciona apoyo científico al poder del Universo y a la Ley de Atracción. También el vertiginoso avance de la neurociencia está gestando nuevas teorías sobre la capacidad de cambio del cerebro para transformar y mejorar nuestra mente en forma casi ilimitada.

Las investigaciones en neuroplasticidad o plasticidad neuronal describen al cerebro como un órgano extremadamente dinámico, que mantiene en forma constante una doble relación: con el ámbito exterior, por un lado, y con los hechos psíquicos o la conducta del sujeto, por otro. Esto demuestra que la red neuronal es extremadamente sensible a los cambios, por la interacción de los diferentes mensajes recibidos por los distintos núcleos de neuronas, que siempre pueden modificar su estado anterior. Esa influencia puede cambiar tanto la relación del sujeto con su propio cuerpo, como con los demás; con su ambiente familiar y laboral; o con su situación económica a partir de nuevas habilidades desarrolladas por su cerebro.

Todos poseemos una mente con un potencial latente de plenitud y de ilimitadas habilidades.

Joe Dispenza

El doctor Joe Dispenza es quizá el principal divulgador de los avances de la neuroplastia a través de sus seminarios y talleres bajo el título de: *Desarrolla tu cerebro: La ciencia de cambiar tu mente.* En esos encuentros Dispenza explica la interconexión entre el cerebro, la mente, el cuerpo y la conciencia. La premisa de su trabajo se funda en su absoluta convicción de que el potencial oculto de los seres humanos incluye un poder latente que le permitiría trascender sus limitaciones personales y acceder al verdadero poder que comparte con el Universo. La inclinación de Dispenza al estudio de la plasticidad neuronal se concretó a partir de un accidente que sufrió en su juventud, que casi lo deja destrozado para siempre. Pero él puso a prueba la versatilidad de su cerebro para intentar superar esa desgracia.

El joven que confió en su cerebro

Crónica biográfica

Joe Dispenza nació el 18 de julio de 1961 en Buffalo, Nueva York. Su madre era técnica radióloga, por lo que el niño se familiarizó muy pronto con conocimientos acerca del cerebro y sus redes neuronales. Estudió bioquímica en la Life University de Atlanta, Georgia, y se doctoró también en quiropraxia. En esa época Joe era un excelente deportista, y solía destacar en la modalidad de triatlón, una prueba de resistencia que combina natación, ciclismo y carrera.

En 1984, cuando el joven Dispenza participaba en una competencia universitaria, un automóvil lo atropelló violentamente cuando iba con su bicicleta. Joe recibió un golpe tremendo que le fracturó seis vértebras de la espina dorsal.

Mientras lo llevaban al hospital, el muchacho pensó que podía haber muerto y que tenía suerte de continuar con vida. Pero su optimismo decayó cuando los médicos le dijeron que su lesión era irrecuperable. Lo único que podía hacerse era una complicada operación, y aun así quedaría incapacitado, con terribles dolores y atado para siempre a una silla de ruedas. Pero como doctor en quiropráctica, Joe sabía lo suficiente sobre la constitución y funciones de la columna vertebral y rechazó la posibilidad de pasar por el quirófano. Siguió un programa terapéutico y literalmente «imaginó» en su mente los pasos hacia la curación. Tres meses más tarde ya podía andar. Fascinado por esa demostración del poder del Universo en su propia mente, empezó a estudiar en profundidad neurología, neurofisiología y funcionamiento cerebral.

Durante ocho años, estudió las remisiones espontáneas de enfermedades y le sorprendieron tanto los resultados que decidió volver a la universidad para intentar explicar científicamente lo que había descubierto: el poder de nuestro cerebro como director ejecutivo del cuerpo.

Comentario

En los últimos diez años, el doctor Joe Dispenza ha ofrecido conferencias, cursos y talleres en una veintena de países de los seis continentes. Su propósito es explicar el funcionamiento y posibilidades del cerebro humano y enseñar a utilizar todas sus potencialidades.

Miles de hombres y mujeres en todo el mundo han aprendido de él la forma de reprogramar sus pensamientos utilizando los nuevos conocimientos neurofisiológicos. y eliminando los hábitos mentales negativos. Como consecuencia de su labor una gran cantidad de personas alcanzaron el cumplimiento de sus deseos y necesidades, promoviendo esas capacidades especiales de sus mentes.

El método de Dispenza se basa en tender un puente entre el poder subyacente del ser humano, como parte del Universo, y las capacidades de cambio cerebral establecidas por la neuroplasticidad. De acuerdo con su teoría, pensar de forma distinta y cambiar de objetivos vitales puede prácticamente «recablear» todas nuestras conexiones neuronales. El doctor Dispenza está convencido de que todos tenemos un potencial latente que nos puede dar una vida llena de plenitud.

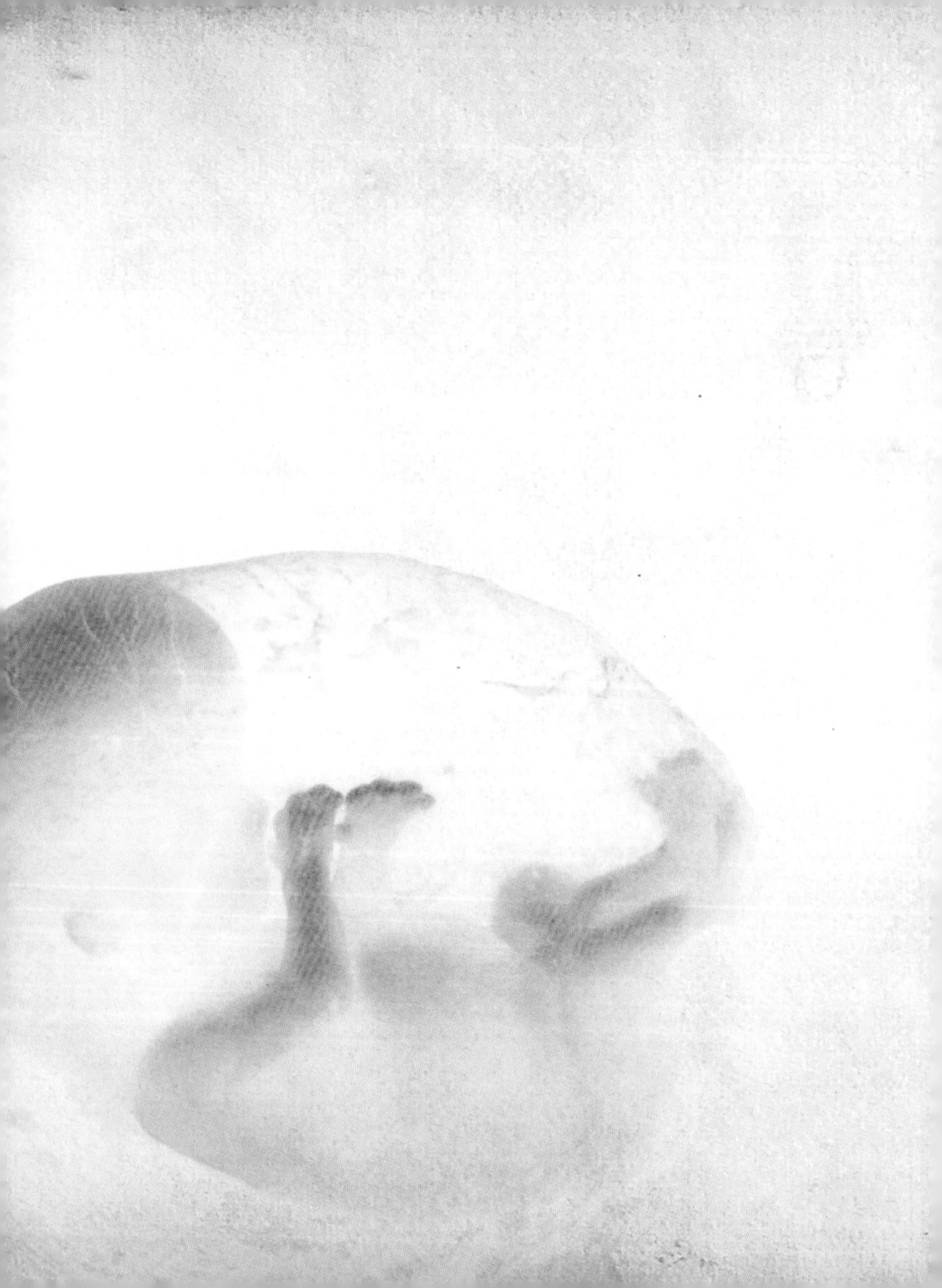

4. El lugar del misterio

Nada perece en el Universo,
todo lo que ocurre en él es transformación.

Pitágoras

Una antigua tradición sostiene que hay un punto en nuestro Universo, o fuera de él, donde se funden el espacio y el tiempo. En ese misterioso ente se verían todos los rincones de la Tierra y del cosmos, atravesados por los acontecimientos que sucedieron en el pasado, ocurren en el presente y se darán en el futuro. Se dice que de ese sitio inexplicable surgen las tremendas fuerzas que rigen todo lo que sucede en el Universo, y también en nuestras vidas. Algunos científicos creen que puede ser una réplica de la diminuta y potente «singularidad» que dio origen al estallido del Big Bang, o encontrarse en el horizonte de un «agujero negro».

El horizonte de los objetos perdidos

Los astrofísicos han bautizado con el tétrico nombre de «agujeros negros» a ciertas regiones limitadas del espacio-tiempo que se forman por una gran concentración de masa en su interior, con enorme aumento de la densidad. Eso genera un campo gravitatorio tan intenso, que cualquier partícula material que se aproxima a esa región es atraída por ella y ya no puede escapar.

La irresistible fuerza de gravedad de un agujero negro es una curvatura del espacio-tiempo, que por su inmensa energía provoca una zona donde no se puede definir alguna magnitud física relacionada con los campos gravitatorios y envuelta por una superficie cerrada, llamada «horizonte de sucesos». El horizonte de sucesos separa la región del agujero negro del resto del Universo y es la superficie límite del espacio a partir de la cual ninguna partícula puede salir, incluyendo la luz.

Los científicos creen que nuestra Vía Láctea y la mayoría de las otras galaxias, tienen en el centro agujeros negros supermasivos. La existencia de agujeros negros se descubrió al medir la emisión de rayos X por estrellas binarias y galaxias activas, con el apoyo de otras observaciones astronómicas.

Con el descubrimiento de los agujeros negros la ciencia ha venido a confirmar lo que algunos mitos cosmogónicos de la antigüedad ya especulaban. Como por ejemplo en una milenaria leyenda recogida por el autor chino Camilo Sun:

Un agujero en el cielo

Mito cosmogónico chino

Cuando Nüwa creó la humanidad la gente era feliz. Pero una noche Nüwa oyó un ruido espantoso, se levantó y salió fuera mirando el cielo. ¡Qué horror! Una gran parte del cielo se había desplomado, dejando al descubierto un

gran agujero muy negro. En los valles se habían abierto profundas grietas, las montañas estaban rodeadas de intensos fuegos y los campos llanos cubiertos de agua.

¿Por qué y cómo sucedió esta catástrofe? Cuenta una leyenda que hubo una disputa entre dos de los dioses más poderosos y decidieron zanjarla con un combate. Cuando Gonggong, dios del agua, vio que perdía golpeó con su cabeza el Monte Buzhou, uno de los pilares que sostenían el cielo, lo que causó que éste se inclinara hacia el noroeste y la tierra se moviera hacia el sureste, produciéndose grandes inundaciones.

Nüwa, que amaba a todos los seres humanos como una gran madre, buscó y reprendió a Zhuyong, ordenándole que lanzara una copiosa lluvia para terminar con el fuego. Después de poco tiempo el fuego se retiró de la Tierra y los hombres ya no corrieron peligro.

Pero el cielo siguió lanzando chorros de fuego desde aquel gran agujero negro. Nüwa sabía que el agujero negro solo podía cerrarse con la esencia de minerales de cinco colores distintos. Subió entonces a las montañas buscando las piedras de colores, pero la mayoría eran muy pequeñas y habían pocas del mismo color. Pero Nüwa continuó su penosa búsqueda día y noche, y por fin consiguió reunir las piedras de cuatro colores: roja, amarilla, azul y blanca; pero no la verde esmeralda. Tuvo que seguir buscando durante mucho tiempo hasta que por fin encontró la piedra verde en el fondo de una fuente cristalina.

Cuando tuvo todas las piedras de colores, Nüwa excavó un pozo en la tierra y las colocó dentro. Luego comenzó a fundirlas con el fuego sagrado durante cinco días y cinco noches, y las piedras se convirtieron en un pequeño guijarro que emitía una luz irisada. Nüwa voló sosteniendo en su mano el guijarro, y cuando estuvo cerca lo arrojó dentro del agujero negro. Entonces todo el cielo brilló en miles de rayos dorados y el agujero negro se fue cerrando poco a poco. Se cree que en previsión de otro accidente, la diosa creadora recuperó el guijarro y guardó en él una copia de todo el Universo.

Volvemos así al mito de la misteriosa entidad que encierra todos los tiempos y todos los lugares del Universo, y que no es solo patrimonio de las creencias del antiguo Oriente. En la literatura y el arte de Occidente hay también alusiones, más o menos explícitas, al punto mágico que contiene el Universo. Un ejemplo aparece en el capítulo XXIII de la segunda parte de *El ingenioso caballero don Quijote de la Mancha*; donde Cervantes precipita a su héroe a la enigmática Cueva de Moratinos. Se trata de una gruta subterránea que se abre en el centro de la región de La Mancha, pero al caer en ella Don Quijote se entera de que se encuentra en África.

La autora inglesa Mary Stewart atribuye ese poder al refulgente interior de *La cueva de cristal*, primer libro de su trilogía sobre las sagas artúricas. Jorge Luis Borges imagina esa entidad plural del espacio-tiempo como una pequeña esfera inasible a la que llama El Aleph, primera letra del alfabeto hebreo y título de uno de sus relatos. Por su parte Salvador Dalí pinta sus poderes en *La estación de Perpignan*, uno de sus cuadros más sugerentes y misteriosos. Existen otros ejemplos antiguos y modernos que parecen confirmar esa intuición o conocimiento infuso del poder del Universo que señalamos al inicio de este apartado.

En las sagas artúricas, el mito medieval británico transcripto por primera vez a finales del siglo X, se encuentra una de las referencias más evidentes sobre la relación entre el ser humano y el poder del Universo. La leyenda del rey Arturo es en realidad una idealización de la historia de las Islas Británicas en la Alta Edad Media, impregnada de elementos alegóricos (la espada Excalibur, el Santo Grial, la Mesa redonda) y prototipos humanos (la reina Ginebra, Lanzarote, sir Gahalad, la Dama del Lago o el propio Arturo). En este marco simbólico la sabiduría hermética ancestral está representada por el mago Merlín, cuyos poderes marcan buena parte de los acontecimientos. Para reproducir uno de esos momentos clave ofrecemos una versión libre de un pasaje de *The Crystal Cave*, primera parte de la *Trilogía de Merlín** de la autora británica Mary Stewart.

El aprendiz de mago

Mary Stewart (Extracto)

Cuentan las sagas artúricas que cuando el futuro rey era apenas un adolescente su tutor, el mago Merlín, lo instruía en las artes de la hechicería y la sabiduría hermética. Las enseñanzas tenían lugar en la Cueva de Cristal, un lugar mágico que el propio Merlín había descubierto en su niñez. Entonces era ya un anciano de larga barba blanca, que vestía una amplia túnica negra y un bo-

* Hay edición en español con el mismo título, publicada por Ediciones B en 2007.

nete en punta adornados con lunas y estrellas de plata, como solo podían llevar los grandes hechiceros. El joven aprendiz envidiaba esa simbólica vestimenta, y un día se atrevió a preguntarle:

—Maestro, ¿Por qué tu bonete y tu túnica lucen esas estrellas y esas lunas de plata? ¿Podré yo llevarlas algún día?

Merlín le dirigió una mirada que prometía una revelación.

—Ven, Arturo —le dijo—, salgamos a tomar el aire y te enseñaré algo.

El mago y su discípulo salieron de la Cueva de Cristal, y ascendieron a la cima de una alta colina solitaria.

—¿Qué es lo que alcanzas a ver desde aquí arriba? —preguntó Merlín.

—Veo grandes extensiones de bosque por todas partes.

—¿Y qué más?

El muchacho entrecerró los ojos para aguzar la vista y giró la cabeza en todas direcciones.

—Nada más... —suspiró al rato—. El bosque me impide ver lo que hay más allá.

—Muy bien —asintió Merlín cogiendo a Arturo por el brazo—. Ahora regresemos a la Cueva de Cristal.

Ambos descendieron de la colina y recorrieron el breve camino hasta el peñasco que ocultaba el escondite mágico del taumaturgo. Una vez en el interior, este agitó una mano en el aire y las paredes cristalinas iluminaron el recinto con una luz extraña, de suave fulgor.

—Dime qué es lo que ves ahora —le indicó a su alumno.

Arturo contempló alelado las imágenes cambiantes que reflejaban los bruñidos cristales.

—Veo... muchas cosas... —balbuceó—. La colina, el bosque, y más allá un río que baja hacia el mar... Arriba el cielo, las estrellas, la Luna, los astros en el espacio infinito... Y puedo oír el rumor de las hojas, oler los aromas de la naturaleza...

—¿Y qué más ves? —inquirió Merlín.

—Ahora me elevo, parece que vuelo sobre los campos y las ciudades, veo el interior de las casas, las gentes que las habitan y también las que las construyeron en el pasado, y la forma en que serán destruidas; veo hombres que levantan una pirámide y aparatos metálicos que vuelan... —El joven tomó aliento antes de continuar—. También te veo a ti de niño, Merlín, jugando con tu hermana Morgana..., y a mí mismo ya hombre, llevando una corona en el palacio más hermoso que puedas imaginar.

—Camelot... —musitó el mago para sí.

El muchacho se volvió entonces hacia él con el asombro pintado en su rostro.

—¿Cómo puede ser, Maestro? ¿Cómo puedo sobrevolar el mundo y atravesar el tiempo, sin haberme movido de esta cueva?

—Todo está en tu mente y en tu pensamiento —respondió el sabio anciano—. Tú eres el centro del Universo, estés donde estés y vayas donde vayas. Tu deseo de saber es tan noble y tan fuerte, que el cosmos te ha otorgado su sabiduría. Cuando llegues a dominar y controlar la fuerza de tu mente fuera de esta cueva, podrás entrar en ella cuando quieras, estés donde estés. Y entonces podrás vestir esta túnica con lunas y estrellas de plata, que simboliza el inmenso poder del Universo.

Comentario

Sin duda la figura de Merlín se inspira en un sabio druida celta, ya fuera imaginario o tal vez real. La cultura céltica, tras dejar su huella en casi toda Europa, se asentó en las Islas Británicas a finales del primer milenio d. C. Más o menos en la misma época en que aparecen las primeras versiones escritas de los mitos artúricos. En el pasaje que se acaba de reproducir, la relación entre el poder del Universo y la sabiduría hermética de los druidas se refleja en forma prácticamente explícita. Su esoterismo (conocimiento críptico y vedado) se manifiesta en la transmisión personal de maestro a discípulo, característica de todas las

tradiciones mistéricas. La túnica y el bonete adornados con lunas y estrellas de plata son una clara alusión al Universo, reforzada por su valor simbólico como atributo exclusivo de «los grandes hechiceros». Pero la referencia más significativa es lo que Merlín explica a Arturo al finalizar su lección: «Todo está en tu mente y en tu pensamiento. Tú eres el centro del Universo, estés donde estés y vayas donde vayas».

Resulta difícil encontrar una definición más diáfana de la íntima relación entre nuestra mente y el poder del Universo.

La esfera tornasolada

Sobre un relato de J. L. Borges

El escritor argentino Jorge Luis Borges, reconocido como uno de los grandes literatos del siglo XX, sentía una especial inclinación por el hermetismo y los enigmas esotéricos, en los que había alcanzado una notable erudición. En 1945 Borges publicó uno de sus cuentos más perfectos desde el punto de vista literario: *El Aleph*. Ese título es el nombre de una pequeña esfera tornasolada del tamaño de una canica, que reflejaba todos los lugares del Universo y sus peripecias en el pasado, el presente y el futuro.

El autor encuentra el Aleph en un sótano de Buenos Aires, y dice en su relato: «Todo lenguaje es un alfabeto de símbolos cuyo ejercicio presupone un pasado que los interlocutores comparten: ¿cómo transmitir a los otros el infinito Aleph, que mi temerosa memoria apenas abarca?». Luego Borges describe un magnífico batiburrillo de imágenes que desfilan por el Aleph ante sus ojos, y concluye: «Vi el Aleph, desde todos los puntos, vi en el Aleph la Tierra, y en la Tierra otra vez el Aleph y en el Aleph la Tierra, vi mi cara y mis vísceras, vi tu cara, y sentí vértigo y lloré, porque mis ojos habían visto ese objeto secreto y conjetural cuyo nombre usurpan los hombres, pero que ningún hombre ha mirado: el inconcebible Universo».

Comentario

Es evidente que la posesión de una canica de dos o tres centímetros que contuviera todo el espacio y el tiempo del Universo, sería una fuente de poder inabarcable. El acierto de Borges consiste en darle un tamaño muy reducido y ubicarla en un sitio tan común como la escalera de un sótano, despojando su hallazgo de cualquier parafernalia fantástica. Ese enfoque hace que toda la atención se centre en el propio Aleph, en el magnífico batiburrillo de imágenes que desfilan ante los ojos del autor, y en la banalidad del escondite que lo pone al alcance de cualquiera que posea una pista para buscarlo. Desde luego el Aleph es un símbolo, un objeto imaginario utilizado para representar lo que el propio autor denomina «el inconcebible Universo».

El Aleph, o la Alef, es la primera letra del alfabeto hebreo y de otras lenguas del cercano Oriente. Para esos pueblos tuvo siempre un significado místico, y a veces mágico, quizá ligado al poder que atribuían a lo escrito. Su grafía consiste en dos trazos caligráficos verticales (iud), que se insertan a cada lado de una gruesa línea diagonal (vav).

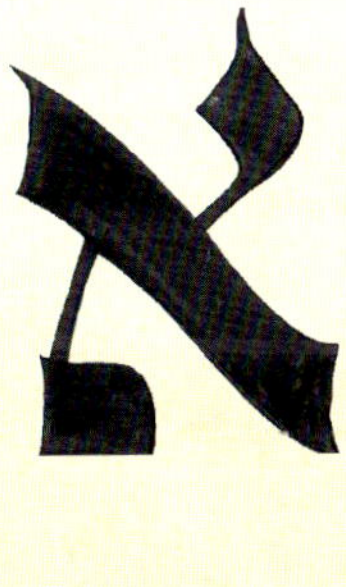

Según algunos exégetas, ese diseño representa las aguas superiores e inferiores, con el firmamento entre ellas, descritas por la Torá en el primer día de la creación. Y dijo Yavé:

«Haya firmamento en medio de las aguas, que separe unas de otras. E hizo Yavé el firmamento, separando aguas de aguas, las que están debajo del firmamento de las que estaban sobre el firmamento».

Esa separación de las aguas fue el verdadero acto de la creación, y su tensión especular mantiene el equilibrio del Universo (o el Multiuniverso). Por otra parte, el célebre maestro de la cábala Rabi Itzjak Luria, llamado El Ariz"l, sostuvo en el siglo XVI la existencia de una

«Piedra de mármol puro», que sería el lugar donde se reúnen las aguas inferiores con las superiores. Si ese sitio existiera, el espacio y el tiempo se mezclarían y podríamos ver todo el Universo en ese mismo punto. O sea, una versión cabalística de la esfera radiante de Borges, que quizá se inspiró en ella para escribir y describir *El Aleph*.

Una transformación difícil

El poder del Universo es neutro, pero muy sutil. En ocasiones su sensibilidad receptiva es capaz de captar ondas positivas, que subyacen en mensajes llenos de confusión y violencia. Muchas personas cuyas mentes parecen emitir solo pensamientos e imágenes de amargura y autodestrucción, en realidad guardan en lo profundo de su subconsciente una oculta esperanza de transformación positiva. Puede que ellas mismas no reconozcan ese deseo, pero a veces este es tan secretamente intenso, que sus vibraciones ocupan el primer lugar en el mensaje que recibe el Universo. Y desde luego, este responde en consecuencia.

Cada fracaso lleva en sí la semilla de un gran éxito.

Napoleon Hill

(Autor pionero del Pensamiento Positivo)

En la búsqueda de temas para la elaboración de este libro, una de mis colaboradoras halló un artículo biográfico sobre una persona real y actual, Sharon Ast, cuya historia es un caso paradigmático de esos mensajes escondidos en el fondo del subconsciente.

La nueva vida de Sharon Ast

Adaptación de un artículo original de Kevin Miller

Con la pistola en una mano y la Biblia en la otra, Sharon Ast se arrodilló a los pies de su cama y le pidió permiso a Dios para quitarse la vida. Esta no era la primera vez que el destino de Sharon había estado amenazado por un arma. Durante su infancia su padre alcohólico a menudo los apuntaba a Sharon y a sus hermanos con un rifle, mientras decidía si sería mejor matarlos o dejarlos vivir.

Sharon se describe a sí misma como una «niña llena de ira» que había sido criada, junto a dos hermanos, por una madre adicta a las drogas y un padre alcohólico y violento. Además de empuñar cada tanto su rifle para amenazar a sus hijos, el hombre también los golpeaba constantemente. Sharon era la que más sufría, ya que siempre trataba de defender a sus dos hermanos menores. Ella misma nos ha explicado que «todas las noches mi padre me golpeaba contra las paredes». El trato que les daba la madre no era mucho mejor. Cuando eran pequeños, a la hora de comer, ataba a los niños a las sillas con cinturones, y los golpeaba si dejaban caer siquiera una pequeña migaja al suelo. También encerraba a Sharon durante varios días seguidos dentro de un armario de madera lleno de ratas y arañas. Y a los seis años de edad su madre le hizo besar al bebé muerto de una vecina, como castigo por no haber llorado cuando le contaron que el bebé había fallecido.

A pesar de ser solo una niña, Sharon se dio cuenta que tenía que huir de ese infierno. Primero acudió a la iglesia de su comunidad para pedir socorro, pero ningún miembro de la congregación mostró interés en ayudarle. Entonces se dirigió al departamento de policía de su barrio, ya que pensaba que recibiría alguna protección por parte de las autoridades. Lamentablemente, en vez de obtener ayuda uno de los policías abusó de Sharon. Ella cuenta que: «A los seis años de edad dejé de llorar y alrededor de los nueve años dejé de hablar».

Pocos años después su madre consiguió un empleo con un buen sueldo, y la familia se mudó a un nuevo vecindario en una zona mejor de la ciudad de Phoenix, en Arizona. Quizás impulsada por la nueva situación de prosperidad Sharon decidió concentrarse en sus estudios. Fue entonces cuando conoció a su futuro esposo Ed «Skip» Ast. Sin embargo, los problemas familiares le afectaron demasiado y no pudo rendir bien en sus estudios, que acabó abandonando por completo.

Cuando Sharon dejó el colegio, el padre decidió que era necesario hacer alguna cosa: alteró el certificado de nacimiento de Sharon y la inscribió en la infantería de la marina. Durante los siguientes dos años, Sharon estuvo más a salvo que si se hubiera quedado en casa. Al terminar su primer período en la marina sus superiores la recomendaron para la Officer's Candidate School, una institución militar para formar oficiales. Pero entonces Skip le pidió que dejara la marina y se casara con él. Pero el sueño de estar viviendo con el hombre que amaba pronto se convirtió en una pesadilla: «Fue como si alguien hubiese reventado la burbuja en la cual estaba viviendo. De pronto me di cuenta de que Skip tenía un grave problema con el alcohol, que yo nunca había advertido mientras éramos novios».

La situación empeoró cuando descubrió que estaba embarazada. Como resultado Sharon se convirtió en una persona agresiva y retraída. Apareció en-

tonces alguien que decidió que valía la pena salvarla, a pesar de su comportamiento violento e irracional. Esta persona era Ed Ast, el padre de Skip. Sabiendo que la tarea no sería fácil, aquel hombre se dispuso a emplear todas sus fuerzas y todo el cariño que sentía por su nuera.

Su generosidad comenzó cuando el hermano de Sharon, Tommy, intentó suicidarse. Ella tuvo que ocuparse de todos los pormenores del tratamiento de su hermano, y no le quedó otra opción que llamar a su suegro para que la ayudara. Durante los meses que duró la recuperación de Tommy, Ed Ast intentó establecer una relación de amistad con Sharon. Sin embargo, mientras más procuraba acercarse, más distante y fría se mostraba ella. Sharon siempre había tratado de ocultar a los demás ciertos aspectos de su vida. No le agradaba el hecho que ahora su suegro tuviera acceso a sus problemas personales y familiares. Una noche, cuando Ed trató de conversar con Sharon acerca de su situación, ella comenzó a gritarle. Pero Ed no se quedó callado. Sharon comenta lo siguiente acerca de esa noche: «Él empezó a gritarme y me callé. Hasta entonces, nadie se había atrevido a hablarme así. Recuerdo sus palabras: Te portas como un animal. Eres muy joven para haber construido un muro tan alto a tu alrededor. Piensas que nadie podrá derribarlo, pero yo lo haré. De hecho, voy a dedicar los próximos años de mi vida a derribar ese muro para que llegues a aceptar mi ayuda. Ed hizo exactamente lo que dijo, pero mi única reacción fue odiarlo».

Durante cinco años Sharon luchó en contra de todos los esfuerzos de Ed para ayudarla; se ofrecía para cuidar a los niños, los llevaba al cine o al circo, incluso ayudaba a la familia económicamente. Nada parecía romper el cascarón que ella había construido alrededor de su corazón.

Un día Skip llegó a la casa con una mala noticia. Su padre había fallecido esa mañana de un ataque al corazón, con solo 49 años de edad. En ese momento Sharon se escondió detrás de su máscara de resistencia y rechazó reconocer lo que estaba sucediendo en su interior. Aunque no estaba dispuesta a admitirlo, los esfuerzos de Ed para salvarla de algún modo habían funcionado. Pero ella aún no acababa de aceptarlo.

Esa noche Sharon se quedó sola junto al cadáver de su suegro. Hasta el día de hoy no lo puede explicar, pero de pronto se dio cuenta de que si el cariño de Ed había despertado su sensibilidad, su deseo de dar y recibir amor, debía haber una fuerza superior que lo había hecho posible. Una fuerza que Sharon no quiso reconocer hasta ese momento. Su suegro le había dado un ejemplo de amor generoso y perseverante, al que ella no había sabido corresponder.

Entonces Sharon bajó la guardia por primera vez en veinte años y comenzó a llorar. Ella misma nos cuenta lo que sucedió durante esa etapa de su vida: «Me pasé seis meses llorando. A lo largo de mi vida nunca había conseguido derramar siquiera una lágrima. De pronto todo cambió, y ya no podía dejar de llorar». Buscó la ayuda de diferentes médicos y psicólogos, pero todos le dijeron que estaba bien y que su estado se debía a la pena que sentía por la muerte de su suegro. Y era cierto que físicamente Sharon estaba bien, pero emocionalmente estaba destruida. Se le hacía cada vez más difícil cumplir con sus obligaciones como esposa y madre. La única solución que veía era suicidarse y terminar con todo el sufrimiento de una vez por todas. Así es como llegó a tomar la decisión drástica de acabar con su vida.

Después de ordenar toda la casa y mandar a sus hijos a jugar con los vecinos, Sharon sacó una pistola, la cargó y entró en su dormitorio. Subió el volumen de la radio para que los chicos no pudieran escuchar el disparo y se puso de rodillas. Abrió la Biblia y comenzó a leerla. Al mismo tiempo elevó un mensaje en forma de oración solicitando a Dios —o sea al poder del Universo— permiso para quitarse la vida.

La respuesta del Universo le llegó a través de la radio que había dejado a todo volumen en la cocina. Un predicador cristiano invitaba a los oyentes a que dedicaran sus esfuerzos a ayudar a los que sufren. En ese mismo instante, Sharon supo que esa era la respuesta de la divinidad a su decisión de quitarse la vida. Sus sufrimientos no debían impulsarla al suicidio, sino a vivir más intensamente ayudando a sus semejantes que soportaban desdichas parecidas.

Sharon permaneció varios minutos en blanco, recibiendo la luz de esa revelación. Luego bajó la pistola y se recostó en el suelo, llorando sin control. Según sus propias palabras: «No comprendía exactamente lo que me había suce-

dido, pero entendí que había llegado a mi hogar por primera vez en mi vida». Al levantarse del suelo, aún llorosa, Sharon sintió una paz que nunca había experimentado antes. Como es lógico, no pasó mucho tiempo hasta que Skip advirtió el cambio en el comportamiento de Sharon. En vez de pelear con él todo el tiempo, se dedicaba a prepararle sus comidas favoritas y a mantener la casa limpia y ordenada. También atendía todas las necesidades de los niños con mucho amor, y cuando había terminado con todas sus tareas domésticas leía la Biblia. Ayudado por su esposa Skip comenzó a asistir a un grupo de alcohólicos anónimos y encontró un trabajo estable. De modo que también él se transformó en una persona más decente y positiva.

Cuando comprobó que había en ella una nueva fuerza vital, Sharon comenzó a ayudar a otras mujeres cuyas vidas se encontraban en crisis. Ahora podía comprender con facilidad la situación que estas estaban viviendo, y lograba que se abrieran y confiaran en ella. Así formó un grupo de ayuda que creció rápidamente, hasta tal punto que llegó a ayudar a muchas mujeres. Pero de pronto la tragedia volvió a formar parte de su vida.

Un día Sharon empezó a sentirse mal. De pronto sintió ganas de vomitar y corrió hacia el baño, donde se indispuso de tal manera que se desmayó. Al caer sin sentido, la fuerza del golpe le fracturó las primeras tres vértebras de la columna. Afortunadamente, los médicos le dieron un buen pronóstico y le dijeron que se recuperaría. Durante varias semanas estuvo en cama sin poder levantar la cabeza. Como no podía cuidarse tuvo que depender de la ayuda de algunas mujeres a quienes ella había aconsejado en el pasado. Al principio Sharon mostró una fuerte oposición a cualquier tipo de apoyo, y hubiera sido comprensible que estas mujeres hubieran desistido, pero no lo hicieron. Se ofrecieron incluso con más insistencia para hacer todo lo que a ella le hiciera falta. Esa colaboración fue el inicio de un cambio definitivo en su espíritu, que borró todo su profundo resentimiento y le abrió el camino de la bondad y la solidaridad. Al salir del hospital siguió apoyando y ayudando a todas aquellas mujeres que la necesitaban.

Hoy en día la columna de Sharon está totalmente recuperada y continúa trabajando en su organización llamada Té y consuelo, dedicada a reconfortar y orientar a mujeres con conflictos emocionales. Su trato hacia ellas siempre es tierno y maternal, además de proveerles orientación para sus nuevas vidas y ser agente de observación para evitar cualquier intento de suicidio. Té y consuelo lleva ya quince años trabajando. Muchas de las mujeres que participaron en el programa han superado sus graves heridas emocionales y han experimentado un profundo cambio en sus vidas.

Comentario

Este relato de la vida de Sharon Ast muestra diversos aspectos de la relación de los seres humanos con el poder del Universo. En primer lugar, como ya hemos comentado, el hecho de que el Universo reconozca un oculto deseo de cambio positivo detrás de la cortina de dolor, penuria e impulsos de muerte que ocupaba el primer plano en su mente. Pero la respuesta a ese pedido inconsciente no resulta tan sencilla, por la resistencia de Sharon a aceptarla. El cosmos utiliza un personaje «redentor» en la figura de Ed Ast.

Si la energía del Universo no fuera una fuerza impersonal, diríamos que se empeñó en cambiar la vida de Sharon. Y lo hizo a través de nuevos agentes, como la lectura de la Biblia, el predicador radiofónico o las mujeres que intentaron ayudarla después de su accidente. Todo ello acabó operando hasta que transformación de Sharon fue completa.

De la conducta necia

Sabemos que todo lo que nos ocurre (o deja de ocurrirnos) está dictado por el poder del Universo, según las imágenes, pensamientos o conductas que reflejamos en él como partícipes de su propia esencia. No es su energía la que decide beneficiarnos o perjudicarnos, sino su respuesta a nuestros mensajes, conscientes o inconscientes, voluntarios o casuales. Por lo tanto es absurdo pensar en el Universo como algo ajeno a nosotros mismos, una poderosa entidad independiente que abriga sus propias intenciones y decisiones respecto a nosotros. Y más absurdo es culpar al Universo de los problemas y desgracias que nos envía en respuesta a nuestros pedidos erróneos.

Para ilustrar esta nefasta tendencia nada mejor que una vieja fábula en la versión del reconocido poeta hispano Félix María de Samaniego, de finales del siglo XVIII.

El muchacho y la Fortuna

A la orilla de un pozo
Sobre la fresca yerba
Un incauto muchacho
Dormía a pierna suelta.

Gritóle la Fortuna:
«Insensato, despierta;
¿No ves que ahogarte puedes
A poco que te muevas?»

Por ti y otros canallas
A veces me motejan
Los unos de inconstante,
Y los otros de adversa.

Reveses de Fortuna
Llamáis a las miserias;
¿Por qué si son reveses
De la conducta necia?

Félix María de Samaniego

5.

Pedir, recibir, agradecer

*En verdad, en verdad os digo que el que cree en mí, ese hará
también las obras que yo hago, y las hará mayores que estas,
porque yo voy al Padre; y lo que pidierais en mi nombre, eso haré, para que el
Padre sea glorificado en el Hijo; si pidierais alguna cosa
en mi nombre, yo la haré.*

Juan 14:12-14

Hemos visto que el ser humano comparte el poder del Universo, y posee la capacidad de pedirle aquello que desea con fe, humildad y agradecimiento. En principio obtener ese deseo supone seguir dos pasos básicos: pedir y recibir. Parece muy simple pero no lo es tanto, porque cada uno de esos pasos exige una preparación, una actitud mental adecuada, que facilite que ese proceso se desarrolle en toda su plenitud.

Pedir. Supone un ejercicio previo de «limpieza» de nuestra mente, rechazando todas las imágenes y pensamientos negativos que se encuentren en ella. También es necesario establecer claramente qué es lo que en realidad queremos cambiar o alcanzar, para no desperdiciar la fuerza del Universo en deseos banales o respuestas contraproducentes. Asimismo, insistir en nuestro pedido tal cual lo hemos formulado, sin introducir cambios, y enviar nuestros mensajes con la absoluta fe de que obtendremos respuesta.

Recibir. Exige mantener la esencia positiva de nuestra mente sin permitir que los pensamientos negativos vuelvan a adueñarse de ella. Si eso ocurre, deberemos recomenzar los ejercicios de limpieza y luego iniciar de nuevo todo el proceso. En cualquier caso, debemos ser pacientes y saber esperar a que la Ley de Atracción encuentre el momento óptimo para ejercer su poder.

Agradecer. Cumplir nuestros deseos empleando nuestra relación con el Universo es —nunca mejor dicho— como recibir un regalo caído del cielo. Por esa razón debemos mostrarnos más agradecidos que nunca. La mejor forma de agradecimiento es hacer un uso útil y generoso de los dones que hemos recibido. Esa actitud nos hará sentir más positivos y, sobre todo, ganaremos «puntos» en el caso de realizar nuevos pedidos.

Los consejos de una experta

Hemos citado en otras ocasiones los trabajos de la investigadora Esther Hicks, que elaboró algunos consejos que pueden complementar las condiciones básicas para obtener éxito con la Ley de Atracción:

1. Recuerda pedir el mayor bien para todos. Cuando expreses tu deseo, pide asimismo el mayor bien para todos los que pueden beneficiarse de la respuesta de la Ley. Esta actitud te ayudará a salir del «¿qué hay de lo mío?» hacia lo que es bueno también para otros, manifestando mejor lo que deseas y dando a la energía universal un amplio campo para orquestar los acontecimientos,.
2. Focaliza tu mente en saber por qué ocurren las cosas. Es increíble la inmensa potencia que puede adquirir la Ley de Atracción cuando le pides que mejore tu percepción de la realidad y de la naturaleza humana. Desde luego debes expresar también tus deseos personales, pero demostrando que pides ayuda no sólo para obtener éxito individual, sino también para saber cómo ayudar a los demás. Verás que ocurren muchas cosas sorprendentes.

3. Sé realista con tus juicios subconscientes. Antes de concentrarte en el éxito, el dinero, el prestigio, o lo que desees atraer bucea en profundidad en tu subconsciente. Busca lo que puede haber en él que obstruya las vibraciones positivas. Debes llegar a comprender por qué y en qué has tenido dudas, miedos y prejuicios subconscientes. Alcanza esos pensamientos interceptores, hazlos conscientes y elimínalos sin vacilar. Ese acto de sinceridad es muy importante y se relaciona con el siguiente punto: la cura.
4. Concéntrate en la cura. Este es probablemente el factor principal para trabajar a conciencia con la Ley de Atracción. Si te concentras en curar tus traumas del pasado (aunque no sepas realmente si has tenido algunos ni cuáles fueron), el Universo los eliminará para curarte y poder manifestarse para transformar tu vida. Si estás curado, tus vibraciones serán limpias y claras al expresar lo que deseas. El Universo es como un receptor de radio, y necesita sintonizar ondas nítidas y despejadas. De modo que concéntrate en curarte esas heridas del pasado y producirás cambios espectaculares en tu vida.

> Observa las coincidencias. Cuando proyectas tu energía para centrar tus vibraciones en la dirección deseada, influyes en otros sistemas de energía que, al desplegarse, producen un aumento de coincidencias en tu vida. Esa presencia de hechos sincrónicos es fundamental, porque te informa que estás recibiendo mensajes del Universo. Cuando envías un pedido, y las sincronías o coincidencias aparecen con frecuencia, significa que la Ley del Universo te comunica que ha recibido ese pedido en forma completa y clara.

Cerramos este breve apartado explicativo para volver a las historias y leyendas que, de una forma u otra, están relacionadas con este apasionante proceso de pedir, recibir y agradecer los bienes que nos otorga el Universo.

El cazador tullido

Anécdota mexicana

El arzobispo de Michoacán, don José Ignacio Arciga, acostumbraba a realizar visitas pastorales por el territorio de su diócesis para reforzar la devoción de los campesinos.

Un día llegó a un pueblecito llamado Huacana, cuyos habitantes vivían de la tierra y de la cría de animales de granja. El prelado fue recibido con todo entusiasmo por la población, y saludó a todos con respeto y cariño. Entre la multitud de penitentes vio a un hombre tullido que esperaba humildemente su turno para confesarse.

El arzobispo llamó a aquel pobre hombre y le preguntó de dónde era. El tullido le dijo:

—Padrecito, de un monte que dista de aquí quince leguas.

Luego le explicó que era viudo con dos hijas casaderas y que había llegado hasta allí subido en un mulo. El prelado volvió a preguntarle:

—¿Cuál es tu oficio?

—¡Cazador de venados, padrecito!

Quedó asombrado el arzobispo de que un tullido fuera cazador. Pero el hombre le dijo que si podía cazar era porque Dios lo ayudaba. Luego, con mucha calma, le contó que cada día al levantarse rezaba a su Padre Dios una oración pidiéndole que le proporcionara una presa para su sustento. Después desayunaba y a continuación, arrastrándose por el suelo, salía al campo con su carabina y al poco rato se le presentaba cerca de él un venado, lo mataba de

un tiro y luego venían sus hijas y se lo llevaban al pueblo para vender la carne y la piel. Y así todos los días, desde hacía muchos años.

Asombrado el arzobispo por el relato del tullido le pidió que le recitara la oración que dirigía a Dios. El cazador por vergüenza se negó en un principio pero, ante la insistencia del prelado, recitó su ruego matutino:

—¡Eh, padre Dios! Tú me has dado estas hijas que tengo, y también Tú me has dado esta enfermedad que no me deja andar. Yo debo alimentar a mis doncellitas, porque ellas no han de ir a ofenderte. Ea, pues, Padre mío, ponme aquí cerca un venadito, donde yo lo pueda matar y así quedará socorrida esta pobre familia.

Y el tullido terminó diciendo:

—Esta es la oración. La repito cada mañana antes de salir al campo con la seguridad que encontraré lo que he pedido. Llevo veinte años enfermo y nunca me ha faltado este socorro, porque mi Padre Dios es bueno y sabe que lo que le pido es justo.

Comentario

En esta interesante historia confluyen tres elementos fundamentales cuando uno apela al poder del Universo. En primer lugar la Ley de Atracción: el campesino, cuando sale a cazar, lleva en su mente la imagen de la presa que va a conseguir. Si además esto ocurre día tras día, la repetición de las imágenes facilita el cumplimiento de la Ley. El tullido se siente con «derecho a pedir», ya que él por sí mismo no puede alimentar a sus hijas «que no han de ofenderte». Por lo tanto Dios, imagen del Universo, está en cierta forma obligado a responder a la oración «porque sabe que lo que le pido es justo». Finalmente, la insistente recomendación de los expertos en la Ley de Atracción respecto a la necesidad de compartir lo que esa ley nos entrega, la cumple el campesino al pie de la letra al entregar el venado a sus «doncellitas».

La arena y la piedra

Relato británico

Una historia relativa a la colonización de África cuenta que hace tiempo dos exploradores ingleses se perdieron en el desierto. Iban avanzando sin rumbo, y al llegar a cierto punto tuvieron una acalorada discusión sobre la dirección que debían tomar. Sus ánimos se enardecieron y uno de ellos le propinó al otro una violenta bofetada. El agredido no reaccionó sino que se alejó silencioso unos metros, y se inclinó para escribir sobre la arena: «Hoy mi mejor amigo me abofeteó en la cara».

Continuaron andando hasta casi desfallecer. De repente vieron un oasis con una gran laguna rodeada de palmeras. Sin vacilar echaron a correr hacia ese lugar tan hermoso y refrescante. Pero de pronto el que había recibido la bofetada cayó en un banco de arenas movedizas y comenzó a hundirse sin poder salir.

Desesperado rogó a los cielos un milagro que pudiera salvarlo. Entonces el otro cogió una rama de palma y se la tendió, al tiempo que se apoyaba firmemente en una roca. Tirando con todas sus fuerzas consiguió rescatar sano y salvo a su amigo. Este, después de recobrarse del susto, extrajo su navaja de campaña y grabó en una piedra el siguiente texto: «Hoy mi mejor amigo me salvó la vida».

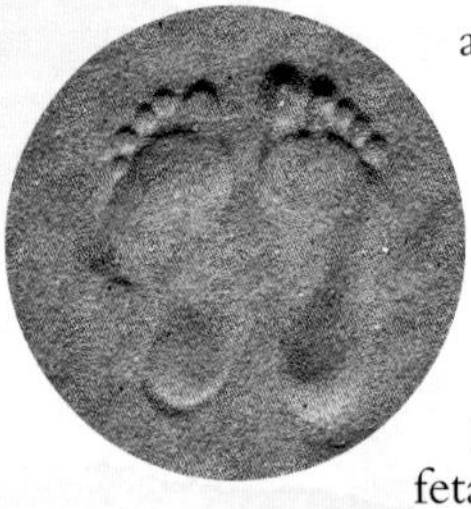

El aludido le preguntó por qué grababa aquello en una piedra, si antes había escrito en la arena el recuerdo de su bofetada. El amigo le dirigió una sonrisa antes de responder: «Cuando alguien querido nos agrede debemos escribirlo en la arena, donde el viento del olvido lo borrará en poco tiempo. Pero cuando alguien hace algo bueno por nosotros, hay que grabarlo en una piedra para que ningún viento pueda borrarlo».

Comentario

El mensaje que transmite esta parábola es bastante claro: nos induce a olvidar enseguida los agravios, pero recordar siempre lo bueno que los demás hacen por nosotros.

Al recibir el desesperado mensaje del hombre que se hundía, el Universo usó al otro como instrumento para rescatar a su amigo. Este hizo muy bien en manifestar su imborrable agradecimiento en contraste con la escasa importancia que había dado a la agresión. Por intermedio del amigo ese agradecimiento llegó a lo Alto, cumpliendo una de las condiciones de la Ley de Atracción.

La caverna

Fragmento de *La República-VII* de Platón

—Después de eso —proseguí— compara nuestra naturaleza respecto de su educación y de su falta de educación con una experiencia como ésta. Represéntate hombres en una morada subterránea en forma de caverna, que tiene la entrada abierta, en toda su extensión, a la luz. En ella están desde niños con las piernas y el cuello encadenados, de modo que deben permanecer allí y mirar solo delante de ellos, porque las cadenas les impiden girar la cabeza en derredor. Más arriba y más lejos se percibe la luz de un fuego que brilla detrás de ellos; y entre el fuego y los prisioneros hay un tabique construido de lado a lado, como el biombo que los titiriteros levantan delante del público para mostrar, por encima del biombo, los muñecos.

—Me lo imagino.

—Imagínate ahora que, del otro lado del tabique, pasan sombras que llevan toda clase de utensilios y figuras de hombres y otros animales, hechos en piedra y madera y de diversas clases; y entre los que pasan unos hablan y otros callan.

—Extraña comparación haces, y extraños son esos prisioneros.

—Pero son como nosotros. Pues en primer lugar, ¿crees que han visto de sí mismos, o unos de los otros, otra cosa que las sombras proyectadas por el fuego en la parte de la caverna que tienen frente a sí?

—Claro que no, si toda su vida están forzados a no mover las cabezas.

—¿Y no sucede lo mismo con los objetos que llevan los que pasan del otro lado del tabique?

—Indudablemente.

—Pues entonces, si dialogaran entre sí, ¿no te parece que entenderían estar nombrando a los objetos que pasan y que ellos ven?

—Necesariamente.

—Y si la prisión contara con un eco desde la pared que tienen frente a sí, y alguno de los que pasan del otro lado del tabique hablara, ¿no piensas que creerían que lo que oyen proviene de la sombra que pasa delante de ellos?

—¡Por Zeus que sí!

—¿Y que los prisioneros no tendrían por real otra cosa que las sombras de los objetos artificiales transportados?

—Es de toda necesidad.

—Examina ahora el caso de una liberación de sus cadenas y de una curación de su ignorancia, ¿qué pasaría si naturalmente les ocurriese esto? Que uno de ellos fuera liberado y forzado a levantarse de repente, volver el cuello y marchar mirando a la luz, y al hacer todo esto sufriera, y a causa del encandilamiento fuera incapaz de percibir aquellas cosas cuyas sombras había visto antes. ¿Qué piensas que respondería si se le dijese que lo que había visto antes eran fruslerías y que ahora en cambio, está más próximo a lo real, vuelto hacia cosas más reales y que mira correctamente? Y si se le mostrara cada uno de los objetos que pasan del otro lado del tabique y se le obligara a contestar preguntas sobre lo que son, ¿no piensas que se sentiría en dificultades y que consideraría que las cosas que antes veía eran más verdaderas que las que se le muestran ahora?

—Mucho más verdaderas.

—Y si se le forzara a mirar hacia la luz misma, ¿no le dolerían los ojos y trataría de eludirla, volviéndose hacia aquellas cosas que podía percibir, por considerar que estas son realmente más claras que las que se le muestran?

—Así es.

—Y si se lo arrastrara a la fuerza por una escarpada y empinada cuesta, sin soltarlo antes de llegar hasta la luz del sol, ¿no sufriría acaso y se irritaría por ser arrastrado y, tras llegar a la luz, tendría en los ojos fulgores que le impedirían ver uno solo de los objetos que ahora decimos que son los verdaderos?

—Por cierto, al menos inmediatamente.

—Necesitaría acostumbrarse, para poder llegar a mirar las cosas de arriba. En primer lugar miraría con mayor facilidad las sombras, y después las figuras de los hombres y de los otros objetos reflejados en el agua, luego los hombres

y los objetos mismos. A continuación contemplaría de noche lo que hay en el cielo y el cielo mismo, mirando la luz de los astros y la luna más fácilmente que, durante el día, el sol y la luz del sol.

—Sin duda.

—Finalmente, pienso, podría percibir el sol, no ya en imágenes en el agua o en otros lugares que le son extraños, sino contemplarlo cómo es en sí y por sí, en su propio ámbito.

—Necesariamente.

—Después de lo cual concluiría, con respecto al sol, que es lo que produce las estaciones y los años y que gobierna todo en el ámbito visible y que de algún modo es causa de las cosas que ellos habían visto.

—Es evidente que, después de todo esto, arribaría a tales conclusiones.

—Y si se acordara de su primera morada, del tipo de sabiduría existente allí y de sus entonces compañeros de cautiverio, ¿no piensas que se sentiría feliz del cambio y que los compadecería?

—Por cierto.

—Respecto de los honores y elogios que se tributaban unos a otros, y de las recompensas para el que con mayor agudeza divisara las sombras de los objetos que pasaban detrás del tabique, y para el que mejor se acordase de cuáles habían desfilado habitualmente antes y cuáles después, y para aquel de ellos que fuese capaz de adivinar lo que iba a pasar, ¿te parece que estaría deseoso de todo eso y que envidiaría a los más honrados y poderosos entre aquéllos? ¿O más bien no le pasaría como al Aquiles de Homero, y preferiría ser un labrador que fuera siervo de un hombre pobre, o soportar cualquier otra cosa, antes que volver a su anterior modo de opinar y a aquella vida?

—Así creo también yo, que padecería cualquier cosa antes que soportar aquella vida.

—Piensa ahora esto: si descendiera nuevamente y ocupara su propio sitio, ¿no tendría ofuscados los ojos por las tinieblas, al llegar repentinamente del sol?

—Sin duda.

—Y si tuviera que discriminar de nuevo aquellas sombras, en ardua competencia con aquellos que han conservado en todo momento las cadenas y viera confusamente, hasta que sus ojos se reacomodaran a ese estado y se acostumbraran en un tiempo nada breve, ¿no se expondría al ridículo y a que se dijera de él que, por haber subido hasta lo alto, se había estropeado los ojos, y que ni siquiera valdría la pena intentar marchar hacia arriba? Y si intentase desatarlos y conducirlos hacia la luz, ¿no lo matarían, si pudieran tenerlo en sus manos?

—Seguramente.

—Pues bien, querido Glaucón, debemos aplicar íntegra esta alegoría a lo que anteriormente ha sido dicho, comparando la región que se manifiesta por medio de la vista con la morada-prisión, y la luz del fuego que hay en ella con el poder del sol; compara, por otro lado, el ascenso y contemplación de las cosas de arriba con el camino del alma hacia el ámbito inteligible, y no te equivocarás en cuanto a lo que estoy esperando, y que es lo que deseas oír. Dios sabe si esto es realmente cierto; en todo caso, lo que a mi me parece es que lo que, dentro de lo cognoscible, se ve al final y con dificultad, es la Idea del Bien. Una vez percibida, ha de concluirse que es la causa de todas las cosas rectas y bellas, que en el ámbito visible ha engendrado la luz y al señor de ésta, y que en el ámbito inteligible es dueña y productora de la verdad y de la inteligencia, y que es necesario tenerla en vista para poder obrar con sabiduría tanto en lo privado como en lo público.

—Comparto tu pensamiento, en la medida que me es posible.

—Mira también si lo compartes en esto: no hay que asombrarse de que quienes han llegado allí no estén dispuestos a ocuparse de los asuntos humanos, sino que sus almas aspiran a pasar el tiempo arriba; lo cual es natural, si la alegoría descrita es correcta también en esto.

—Muy natural.

—Tampoco sería extraño que, de contemplar las cosas divinas, pasara a las humanas, se comportase desmañadamente y quedara en ridículo por ver de modo confuso y, no acostumbrado aún en forma suficiente a las tinieblas circundantes, se viera forzado, en los tribunales o en cualquier otra parte, a disputar sobre sombras de justicia o sobre las figurillas de las cuales hay sombras, y a reñir sobre esto del modo en que esto es discutido por quienes jamás han visto la justicia en sí.

—De ninguna manera sería extraño.

—Pero si alguien tiene sentido común, recuerda que los ojos pueden ver confusamente por dos tipos de perturbaciones: una al trasladarse de la luz a la tiniebla, y otra de la tiniebla a la luz; y al considerar que esto es lo que le sucede al alma, en lugar de reírse irracionalmente cuando la ve perturbada e incapacitada de mirar algo, habrá de examinar cuál de los dos casos es: si es que al salir de una vida luminosa ve confusamente por falta de hábito, o si, viniendo de una mayor ignorancia hacia lo más luminoso, es obnubilada por el resplandor. Así, en un caso se felicitará de lo que le sucede y de la vida a que accede; mientras en el otro se apiadará, y si se quiere reír de ella, su risa será menos absurda que si se descarga sobre el alma que desciende de la luz.

Comentario

El relato de *La caverna*, quizá la más conocida de las parábolas platónicas, es en realidad una gran metáfora abierta a diversas interpretaciones. Para la filosofía académica se trata de una descripción de la ignorancia (la caverna) frente al conocimiento (la luz del sol) y de las dificultades de traspasar la frontera entre ambos estadios. Pero Platón, como Pitágoras y otros sabios de la antigüedad, conocía los textos secretos del hermetismo de origen egipcio. Recordemos que la máxima fundamental del conocimiento hermético afirma que «lo que está arriba es como lo que está abajo, y lo que está adentro es como lo que está afuera». Las cavernas están necesariamente adentro y abajo, mientras que la luz brilla afuera y arriba. Tal vez la intención del filósofo fue resaltar la mutua atracción entre esos dos ámbitos que impide o dificulta traspasar su frontera.

El sueño de Keret

Leyenda fenicia

Keret «el Noble o el Magnánimo» primer rey de los fenicios, era hijo del dios supremo El «Padre de la humanidad». Un día el padre de Keret le dijo que el poderoso reino de Terah se había aliado con otros clanes para rebelarse contra su autoridad suprema, y le encomendó la difícil misión de enfrentarse a ellos. El joven rey, entristecido, se encerró en su palacio para reflexionar sobre la forma de llevar a cabo la peligrosa campaña contra Terah.

Un inseguro temor invadió su ferviente ánimo, ya que era inexperto en el combate. Los cortesanos veían con asombro a Keret, «el servidor de El», atemorizado y sollozante sobre su lujoso lecho, empapando los cojines con sus lágrimas. «He de enfrentarme a un terrible enemigo —meditaba Keret—. Y ¿quién me asegura la victoria? Me arriesgo a una muerte que no puede ser vengada, ya que todavía no tengo el consuelo de tener un hijo con el cual renacer a una nueva vida. Moriré sin posteridad y sin gloria, como si no hubiera vivido.»

Al fin, el cansancio pudo más que la angustia, y Keret cayó en un profundo sueño sin descanso poblado de oscuras pesadillas. El monarca se despertó sobresaltado y subió al mirador del palacio para calmar su inquietud contemplando el hermoso panorama de la ciudad. Al día siguiente, El «Padre de la humanidad» se sintió alarmado por el intenso desasosiego de su hijo. Esa noche le indujo un agradable sueño, en el que el propio dios supremo le ofrecía su consuelo y le brindaba animoso apoyo para la gran batalla que debía emprender. Pero ni siquiera El consiguió reconfortar el abatido espíritu del héroe.

Keret lloraba tan desconsoladamente y era tan intenso su dolor que acudió su doble perfecto, Na'man, y ambos se lamentaron juntos. El, solícito, derramaba sin cesar los efluvios de sus palabras y el dios menor, Pebe Melek, le cantaba dulces baladas con su hermosa voz. Pero Keret y Na'man proseguían su llanto y sus lamentos: «¡Ay de mí y de mi hijo que no verá la luz!».

El «Padre de la humanidad» decidió entonces revelar a Keret su porvenir. Sumió al héroe en un profundo sueño y le anunció con voz envolvente:

—Sube a una torre, después de lavarte y purificarte. Luego toma un cordero, una cabra, un pájaro y los sacrificas. Vierte vino en una copa de plata y miel en una copa de oro. Y alza tus súplicas a Sor-El (dios toro) y a Baal-Dragón. Regresa a la ciudad y prepárate para el combate. Recoge trigo abundante: que no falte el pan a tus sidonios (naturales de Sidón) ni a la Asamblea. Ahora ya llegan tus enemigos, helos aquí. Ya han ocupado las cinco fortalezas más importantes de tu reino, y te amenazan implacables. El encuentro será en el Neguev*; chocarán las armas con estrépito y sobrevendrá un gran desastre; pueblos enteros abandonarán sus tierras. Allá van en tropel las gentes de Canaán y trescientas veces mil hombres, beduinos sin nombre, y por miríadas las gentes de Hassis; todos emprenden la marcha, cerrando sus casas. Y Terah, el poderoso, el que hace levantar a la Luna nueva y la hace brillar para Sin, su mujer, y para Nikar, su bien amada, se te opondrá. Mas tú, hijo mío, sigue adelante; camina durante seis días hacia el sur, hasta que encuentres a los sefardi-

*El Neguev es un extenso desierto de Palestina meridional, que actualmente pertenece al sur de Israel.

tas. Y llegarás al país de Edom. Descansa en sus ciudades y recréate en sus campos; allí hallarás nuevos taladores y nuevas mujeres. Sigue adelante, o regresa, mas no ataques a Edom. Oye mi voz, Pabel-Melek, tú enviarás a mi hijo tu mensaje: que se aleje y no combata a Edom, pues es El, dios supremo. Y después, Keret, te volverás a tu mujer, la dulce Meset-hery, y le dirás: concédeme el favor de un hijo. Y podrás contemplar a tu primogénito: su gracia, como la de Anat; su belleza, como la de Astarté. Y su grito ha de ser: ¡Odio al enemigo!

Keret despertó con una extraña sensación de dicha. Al momento se levantó y cumplió las órdenes de su padre. Y todo sucedió como El le había revelado. Terminada la batalla del Neguev y antes de ir al país de Edom, Keret se dirigió a los santuarios de Tiro y Sidón, donde celebró su boda con la dulce Meset-hery. Luego reemprendió el camino y ejecutó la voluntad de El «Padre de la humanidad».

Comentario

Según la Ley de Atracción, el Universo (encarnado por el dios supremo El), se ve impotente para ayudar a su hijo a causa de los excesivos sentimientos y pensamientos negativos que este sufre. Solo cuando El y el dios Pabel-Malek deciden mostrarle a Keret su futura victoria y la felicidad familiar que después le aguarda, puede el joven rey serenarse y emprender la obtención de sus mejores sueños.

El peregrino

Relato africano

Había una vez un peregrino que tuvo la suerte de poder llegar a un lugar maravilloso: un monte situado en Senegal, cerca de Mauritania. Allí, frente a ese imponente paisaje se dispuso a meditar junto a un sabio del lugar.

El anciano, luego de contemplarlo silenciosamente por un largo rato, solo le dijo:

—No medites hacia afuera, hazlo hacia adentro. El gran paisaje propicio para la elevación no está en este monte, ni en ningún otro en el mundo. Tu propia alma es el gran paisaje. Todo camino es interior, puesto que el Universo está dentro de ti mismo.

Al principio el peregrino, fascinado por la belleza y lo majestuoso del panorama, no comprendió este sabio mensaje pero al entrar en meditación vio la luz. Allí en su interior descubrió todos los paisajes, todos los astros, el inmenso Universo, sus amigos y su familia... ¡Él era Todo!

Comentario
La frase final de esta leyenda indostánica (¡Él era Todo!) confirma con contundencia la conexión del ser humano con el Universo, apoyada por la cosmovisión del peregrino, semejante a la Cueva de Cristal de Merlín o la de El Aleph de Borges.

En el mismo sentido se debe interpretar el consejo del anciano sabio: «No medites hacia afuera, hazlo hacia adentro. Todo camino es interior, puesto que el Universo está dentro de ti mismo».

El árbol complaciente

Leyenda hindú
Había una vez un brahmán que se sentía muy fatigado de andar bajo el implacable sol de la India. Agotado y ya sin fuerzas, vio un gran árbol frondoso a la vera del camino. Se tumbó a descansar bajo su sombra, aunque el suelo era duro y rugoso. El hombre pensó en lo placentero que sería disponer de un lecho más blando, y al punto apareció una confortable cama. Comprendió el hombre que aquel era un árbol celestial, de los que conceden los deseos y los hacen realidad. Mientras descansaba tendido en el cómodo lecho, se le ocurrió pensar en lo placentero que resultaría que alguien le diera masajes en sus piernas entumecidas. Al momento apareció una bellísima joven que comenzó a practicarle un relajante masaje. El hombre, ya recuperado, se sintió hambriento y con sed. Pensó entonces en lo grato que sería poder degustar una opípara comida bien regada por un buen vino. En el acto apareció, ante él, el más suculento de los banquetes. El brahmán comió y bebió hasta saciarse, sintiéndose muy dichoso. De repente le asaltó un pensamiento: «¡Mira que si ahora un tigre me atacase!». Apareció un tigre y lo devoró.

Comentario

Aquí el «árbol celestial» funciona como una especie de antena de la Ley de Atracción, que capta y transmite los deseos de quien se apoya en él para que el poder del Universo los haga realidad. El brahmán utiliza ese don en su propio provecho, pidiendo la satisfacción de placeres sensuales y egocéntricos. En ese estado de euforia se le escapa un pensamiento negativo, que al realizarse acaba con su vida.

El relato advierte sobre la necesidad de mantener una vigilancia constante de nuestra mente para evitar los pensamientos negativos, y da cuenta del afinado conocimiento de la Ley de Atracción que ya existía en la India milenaria.

¡Última esperanza!

Testimonio personal de Narin (Camboya)

Un soldado del Jemer Rojo me había atado junto con otra gente con una cadena de plástico, acusada de haber robado unas patatas en el almacén de la finca. Y era verdad; las robé porque llevaba más de cinco días sin comer nada. ¿Cómo podría vivir sin comida?

Un hombre fue degollado con su cuchillo por otro soldado de los jemeres rojos. Un momento más tarde sería mi turno... ¡Oh Dios mío! estaba muy asustada porque no podía pedirle a nadie que me ayudara. Pero a pesar de todo hacía un esfuerzo para pensar solo en positivo. Me decía que no me iba a morir porque algo o alguien me salvaría como un milagro. Cuando ya me tenían cogida para matarme se oyó una voz potente en medio del patio:

—¡Dejen libre a esa mujer! —ordenó. Y entonces los soldados me soltaron de inmediato.

Era un tío mío que formaba parte de las tropas del Jemer Rojo y que había ascendido hasta convertirse en uno de sus líderes. En realidad no tenía que estar allí, pero repentinamente había decidido inspeccionar esa zona.

Yo he vivido hasta hoy todo el tiempo con el pensamiento positivo, incluso cuando un montón de situaciones negativas se atravesaron en mi vida.

Siempre pienso que «cada moneda tiene dos caras». La vida también: la positiva y la negativa. ¿Por qué no elegimos el pensamiento positivo en vez del negativo?

Incluso cuando el cuchillo del soldado rozaba mi garganta yo seguí pensando en positivo: «No voy a morir en este momento».

Comentario

Este testimonio de una mujer camboyana es un claro ejemplo de cómo funciona la Ley de Atracción. Ella, pese a su desesperada situación, tiene fe en el pensamiento positivo. El Universo recibe ese mensaje e infunde en su tío la decisión de inspeccionar aquella zona.

Vecinos

Testimonio anónimo

Julio y David eran dos amigos. Julio era un jardinero y ganaba lo suficiente para vivir, aunque nunca tenía grandes gastos porque no los necesitaba. Vivía en una buhardilla sobre un quinto. Tenía una cocina compartida con el salón, una habitación con baño donde dormía, más otro pequeño habitáculo destinado a invernadero. Toda la modesta vivienda estaba llena de plantitas, que eran todo su mundo y su vida. Unas colgadas en mallas y otras en el suelo, en los sitios con más luz.

Julio se pasaba cuidando y mimando cada flor, cada plantita, y lo mismo hacía en su trabajo. Era un jardinero de vocación que disfrutaba de lo que hacía, por eso siempre estaba contento. Era feliz. Su amigo David era un rico ejecutivo, trabajaba en un gran banco y ganaba un buen sueldo. Era un hombre importante, con muchos desafíos y grandes preocupaciones, a diferencia de Julio. Él no amaba su trabajo, sin embargo le proporcionaba un buen nivel de vida. Tenía un piso en el centro lleno de comodidades, grandes espacios con mucha luz y ventanales espectaculares. Tenía de todo, pero había algo que no le dejaba vivir: un vecino que no paraba de hacer ruido tanto de noche como de día.

David desesperado le comentó todo esto a su amigo Julio. Este le dijo:

—No se si te podré ayudar, ya que a mí no me molesta el ruido que haga nadie. En mi casa nunca hay ruido.

David tuvo una idea y le dijo a su amigo:

—Cambiémonos las viviendas; tú te quedas con mi gran apartamento y yo me quedo con tu buhardilla.

A Julio le daba igual, era un hombre tranquilo y al ver la angustia de su amigo no tuvo nada que objetar:

—Pues bien, si tú lo deseas así…por mí no hay problema.

Y cerraron el trato. Cuando Julio se instaló en el piso de David oía a su vecino hacer ruido, pero como estaba en lo suyo no le molestaba, y a veces ni se percataba de ello.

Aquel ruidoso vecino era un carpintero que hacía pequeños arcones y tallas para unos grandes almacenes. Por eso trabajaba a destajo, por la noche y a cualquier hora, con tal de poder ganar el dinero suficiente. Durante un tiempo los almacenes decidieron prescindir de los trabajos de ese carpintero y se quedó sin otros recursos. Entonces el hombre vendió su piso y se buscó otro más modesto, pero cuando estaba en plena mudanza otros almacenes le ofrecieron un empleo para hacer pequeños trabajos en su casa. El hombre, necesitado como estaba, aceptó sin dudarlo. Terminó la mudanza a su nuevo hogar, y se dispuso a salir para recoger las maderas y otros elementos para hacer los artículos que le habían encargado. Cuando bajaba las escaleras, se tropezó con un vecino y le saludó:

—Hola, soy su nuevo vecino, vivo en el piso de abajo y soy carpintero.

Y el otro respondió:

—Mucho gusto, yo trabajo en un banco y me llamo David.

Comentario

Es posible que David tuviera un componte oculto de masoquismo, y que a pesar de sus quejas sintiera una extraña atracción por el ruido que en apariencia lo martirizaba, al punto de obligarlo a cambiar de residencia. Pero es imposible engañar al Universo, que percibió ese mensaje negativo del subconsciente. Entonces la Ley de Atracción actuó en consecuencia, trasladando al ruidoso carpintero al piso de abajo de la nueva vivienda de David.

La maldición del oro

Advierten los estudiosos de la Ley de Atracción que conviene reflexionar con cuidado sobre nuestro verdadero deseo, antes de hacer nuestro pedido al Universo. Señalan que muchos piden dinero, riqueza y poder, y que finalmente son más desdichados que antes. A veces cosas menos rimbombantes como: la paz, el amor o la salud son las verdaderas claves de la felicidad. Esta advertencia aparece ya en la mitología griega, expresada en las historias del legendario rey Midas, de las que damos a continuación dos ejemplos significativos.

El rey Midas y Dionisio

Mitología griega

Midas era el rey de Macedonia, y es sabido que fue el primer hombre en plantar un jardín de rosas. Le gustaba disfrutar de la buena vida, las fiestas, escuchar música y pasarlo bien. Una mañana un jardinero le dijo:

—Hay un sátiro completamente borracho tirado en tu rosal.

—¡Traedlo inmediatamente ante mi presencia! —dijo Midas.

El sátiro resultó ser Silenio, que había viajado a la India con su protector el dios Dionisio (Baco) y tenía muchas e interesantes anécdotas para relatar. Midas se entretuvo cinco días escuchando atentamente las historias de ese continente lejano, sus ciudades, sus barcos y sus gentes. Al terminar, sin mediar ningún castigo por aplastar sus rosas, envió a Silenio sano y salvo con Dionisio. El dios, agradecido, le dijo a Midas:

—¡Pídeme lo que quieras y te lo concederé!

Midas eligió tener el poder de convertir en oro todo lo que tocase. Y así le fue concedido. Al principio resultaba muy divertido hacer rosas o pájaros de oro. Pero más tarde la desesperación se apoderó de él; cuando tenía hambre y sed, la comida y el vino se convertían en oro. En busca de consuelo cogió las manos de su hija, que al instante se convirtió en una estatua de oro. Ante ese trágico suceso fue a pedir ayuda a Dionisio:

—¡Por favor, Dionisio, libérame de este castigo! Mi propia hija es una estatua de oro y no puedo ni beber ni comer. Me estoy muriendo de hambre y de sed. ¡Ayúdame!

Dionisio se rió a carcajadas de su codicia y le devolvió la vida a su hija. Luego, para librarlo de ese don mágico, lo mandó a lavarse las manos en el río Pactolus, cuyas arenas son todavía doradas.

Comentario

Se advierte fácilmente que el mito de Midas es una advertencia sobre los peligros de la codicia. El dios Dionisio juega aquí el papel de agente del Universo, el único poder que puede hacer esta oferta: «Pídeme lo que quieras». El monarca macedonio, en exceso avaricioso, pide el don de convertir en oro todo lo que toca. Pronto comprueba que ese supuesto don es en realidad una trágica condición, hasta que Dionisio decide perdonar su pecado y deshacer sus entuertos, devolviéndole el favor por haber perdonado a Silenio.

Las orejas del rey Midas

En cierta ocasión la diosa Atenea inventó la flauta doble y cuando la tocaba conseguía arrancarle hermosas melodías. Una noche, que tocaba la flauta en un banquete, Hera y Afrodita comenzaron a reírse en secreto. Atenea se preguntaba el porqué. Entonces se sentó con la flauta en la orilla de un arroyo y cuando vio su aspecto ridículo, con las mejillas hinchadas

mientras soplaba el instrumento, la arrojó al fondo con una maldición para el que la encontrara.

Tiempo después, el pastor Marsias encontró la flauta en el arroyo y consiguió arrancarle tan deliciosas melodías que decidió competir con el dios Apolo. Este aceptó el envite y llamó a las musas y al rey Midas, que tanto apreciaban la música, para que actuaran como jurado. Marsias tocaría su flauta y Apolo la lira. Los dos tocaron sus instrumentos, ofreciendo cada uno un recital tan espléndido que el jurado no pudo ponerse de acuerdo. Entonces Apolo dijo:

—Te reto, Marsias, a que toques tu instrumento al revés, como lo hago yo —y al decirlo le dio una vuelta a la lira y siguió tocando.

—¡Yo no puedo hacer eso! —replicó Marsias.

—Entonces Apolo gana, dijeron las musas.

—Eso es muy injusto —dijo el rey Midas— su instrumento no le permite tocarlo por ambos lados.

Como las musas eran nueve, y Midas solo uno, ganaron ellas. Apolo dijo entonces a Marsias:

—¡Tú debes morir, por retar al mismo dios de la música! Y diciendo esto lo mató.

Después llamó burro a Midas y le tocó las orejas, que comenzaron a crecer y echar pelos convirtiéndose en orejas de burro.

El rey, avergonzado, no quería que nadie se enterase de su desgracia y corrió a cubrirse las orejas con un gorro frigio. Pero su peluquero no tuvo más remedio que enterarse, cuando fue a palacio para cortarle el pelo. Midas lo amenazó de muerte si le contaba a cualquier criatura viviente el secreto de sus orejas.

El secreto quemaba en el pecho del barbero, que necesitaba desesperadamente contarlo. Entonces, viendo que no había nadie a su alrededor, cavó un hoyo a la vera del río Pactolus, se agachó y susurró dentro del hoyo: «El Rey Midas tiene orejas de burro».

Tapó el hoyo con arena, asegurándose de que su secreto estaba bien oculto, y se fue aliviado. Pero una caña comenzó a brotar sobre el hoyo, y les susurró a las otras hierbas y a los pájaros posados en ellas el secreto:

—El rey Midas tiene orejas de burro.

Justamente pasaba por el lugar un hombre llamado Melampo, que comprendía el lenguaje de los pájaros. Melampo les contó la noticia a sus amigos y luego se presentó delante del rey Midas y le dijo:

—¡Quítate el sombrero, quiero ver tus orejas de burro!

El rey Midas, enfurecido, ordenó hizo cortar la cabeza al peluquero y después a Melampo. Más tarde, como todos sus súbditos se burlaban de él, por vergüenza, se suicidó.

道

6.

Sucesos de la actualidad

El camino que sube y el camino que baja
son un solo y único camino.

Heráclito

En las páginas anteriores se expuso un abanico de historias de diversos lugares y épocas, que reflejan y confirman el inmenso poder cósmico que se expresa por medio de la Ley de Atracción. Hemos recorrido el tiempo y el espacio, demostrando la fuerza del pensamiento humano para hacer que el Universo cambie la vida de las personas y haga realidad todos sus deseos.

Alguien puede alegar que los mitos y leyendas no representan necesariamente verdades históricas, o que el juego de analogías y metáforas puede forzar la concomitancia de determinados hechos.

Por eso quisimos dedicar este apartado a historias de actualidad, testimonios de sucesos ocurridos en los últimos años, narrados por los propios protagonistas, recogidos por investigadores fiables, o difundidos por prestigiosos medios de información. En estos casos no insertamos comentarios ni opiniones de la autora, para que el lector pueda elaborar su propio juicio sin influencias ajenas.

Así esos relatos, despojados de las posibles distorsiones del paso del tiempo o las exageraciones de la fantasía, aportan a su verosimilitud el sabor de lo inmediato y lo cotidiano.

Caída milagrosa

Testimonio recogido por Patricia Hashuel

Luciana tenia apenas tres añitos cuando por una distracción de su madre se cayó desde un noveno piso al patio de la planta baja. Aterrizó en una gran cuba llena de ropa para lavar, sin hacerse ni un rasguño. La portera la cogió en sus brazos para calmarla, y se la entregó a su aterrorizada madre. Ambas mujeres interrogaron a la niña sobre cómo se había caído, y Luciana explicó como pudo que había entrado en una habitación y resbalado junto al hueco que había dejado el técnico que retiró el aparato del aire acondicionado.

La madre no se explicaba cómo su niña podía haber salido ilesa de semejante caída, y Luciana le contaba que una anciana voladora la había llevado en brazos. Hasta que unos años después, mirando un álbum de fotos, Luciana observó un retrato de su bisabuela Raquel, fallecida antes de que ella naciera. Ahogó un gemido de sorpresa, y llamó a su madre para mostrarle a la fantasmal anciana que la había llevado en sus brazos los nueve pisos para dejarla sana y salva sobre la ropa de la colada. Luciana es mi sobrina, hoy tiene 31 años, es una mujer maravillosa y cree con razón que existe una misteriosa fuerza que puede intervenir para cambiar nuestro destino.

Comentario

En tanto la filosofía de El Secreto no contempla la posibilidad de milagros, este caso requiere otra explicación. Es posible que la niña ya hubiera visto la fotografía antes del accidente, y la imagen de su bisabuela quedara grabada en su mente infantil, o que estuviera recordándola en el momento de caer. De una u otra forma, esa imagen llegó a la conciencia universal y motivó que la Ley de Atracción fuera en su auxilio guiándola hacia la cuba.

El asiento de atrás

Testimonio anónimo
Cuando mis padres se divorciaron yo tenía 17 años y sufrí una fuerte conmoción emocional. Mi madre no estaba en condiciones de ayudarme, y más bien se mostraba agresiva conmigo, como si yo tuviera la culpa de su separación. Busqué entonces el apoyo de mis amigos, que me lo brindaron sin reservas.

El 20 de enero de 2006, dos chicos llamados Alex y Brad y yo regresábamos a nuestra ciudad, Platón, después de dar un paseo por los alrededores y de comprar un poco de alcohol. Decidimos subir al piso de otro amigo, Steve, para escuchar música, charlar y seguir bebiendo. En menos de una hora entre yo y Alex acabamos con una botella de vodka y fanfarroneábamos sintiéndo-

nos invencibles. En ese momento nos llamó Eric, otro chico de la pandilla, que quería que fuéramos a recogerlo a casa de sus padres en Arlington. El trayecto de ida y vuelta no nos llevaría más de unos 15 minutos, así que le dijimos a Eric que bajara a esperarnos en el portal, y Alex y yo salimos en su coche hacia Arlington. Allí recogimos a Eric, y dimos la vuelta en dirección a Platón con la radio del coche a todo gas. Alex iba al volante, yo a su lado y Eric en el asiento de atrás. Al poco rato se quejó de que lo aturdía el altavoz que sonaba a pocos centímetros de su oreja, y se trasladó al extremo contrario del asiento trasero.

Íbamos a unos 95 km cuando Alex se distrajo charlando y perdió el control del coche. Al tratar de corregir el volante, los neumáticos patinaron y el vehículo atravesó el otro carril y saltó el arcén elevándose en el aire, para chocar con un poste de teléfono a seis pies del suelo, dar una vuelta de campana y aterrizar boca abajo en un camino vecinal. Nos llevaron al hospital más próximo, donde el parte médico informó que yo tenía una fractura de vértebras y Alex una muñeca rota, pero Eric solo había sufrido una conmoción cerebral menor. En el transcurso del accidente el asiento trasero del lado del conductor había sido golpeado con fuerza contra el poste de teléfono, y su carrocería quedó totalmente abollada por el golpe. Según el perito de la compañía de seguros, si Eric hubiera seguido sentado allí, lo más probable es que hubiera muerto en el acto. Mi madre cree que Dios viajaba en el asiento trasero del lado del conductor, y que frenó el golpe para salvar nuestras vidas. He ido a la iglesia desde entonces, y doy gracias a Dios todos los días porque Alex, Eric y yo podemos caminar y disfrutar de la vida.

Comentario

Sin restar importancia al poder de la fe religiosa de la joven y su madre, este caso es característico de la Ley de Atracción. El volumen de la radio fue el motivo aparente del desplazamiento de Eric al otro extremo del asiento, pero en realidad fue una respuesta del Universo a un pedido inconsciente. Eric, que acababa de salir de su casa, estaba mucho más sobrio que sus amigos que venían bebiendo desde horas antes. Sin duda se alarmó al ver la conducción temeraria e insegura de Alex, y se cambió de lado porque lo consideraba más seguro.

Al hacer ese cambió imaginó que así saldría bien librado en caso de accidente, y esa imagen prevaleció en su mente haciendo realidad su salvación.

El derrumbe

Informe del Dr. John Barker

El 21 de octubre de 1966, a raíz de un deslizamiento de tierra, la escuela de la pequeña aldea minera de Aberfan, en el País de Gales, fue sepultada por medio millón de toneladas de polvo de carbón. El accidente provocó la muerte de 144 personas, entre ellas, 122 niños. El psiquiatra Dr. Juan Barker realizó una investigación con la ayuda de un amigo periodista y recogió sesenta relatos de personas que dicen haber presentido la catástrofe; 24 de ellos confirmados por testigos que habían oído su premonición.

El caso más sorprendente fue el de la pequeña Eryl Mai Jones, de diez años, una de las víctimas. Dos días antes del terrible accidente, la niña le dijo de pronto a su madre que no tenía miedo de morir puesto que así «se reuniría con Jesús», que todo se vería negro en torno a ella y que estaría con sus compañeros Peter y June. Al día siguiente le cuenta, también a su madre, que había soñado que la escuela había desaparecido porque «algo negro se la había tragado». Por puro azar la tumba de la pequeña Eryl Mai está efectivamente entre las de Peter y June.

Comentario

La asombrosa premonición de la niña sobre el derrumbe de la escuela entra en el terreno de los presentimientos inexplicables.

Pero sea la explicación que sea, es evidente que Eryl May acumuló en su imaginación y sus sueños una gran cantidad de imágenes y pensamientos negativos, que posiblemente compartió con sus amiguitos Peter y June.

Sabemos que la Ley de Atracción actúa siempre devolviéndonos lo que pensamos, aunque no conozcamos su existencia y consideremos esos pensamientos como una simple fantasía. Es probable que la gran carga negativa que emitía Eryl May en aquellos días (en posible conjunción con sus dos amigos) haya provocado realmente el derrumbe de la mina. Recordemos que la fuerza del Universo es neutra y no imputable, los resultados de sus respuestas son responsabilidad de las mentes humanas. En este desdichado caso, fue la imaginación de una niña demasiado fantasiosa.

El nuevo rabino

Anécdota judía (Nueva York)

Una semana después de contraer matrimonio, un joven rabino y su bonita esposa fueron asignados a su primera comunidad, en el barrio suburbano de Brooklyn. Decidieron entonces volver a abrir un antigua sinagoga en desuso que estaba muy deteriorada.

Llegaron a inicios de octubre, emocionados por la oportunidad que tenían para servir a Yavé y a su comunidad. Aunque el templo estaba totalmente abandonado y requería muchas obras, se propusieron tener todo listo para las fiestas de Janukah. Trabajaron duro, reparando bancas, enyesando muros, pintando, etc., y seis días antes de la fiesta de las luces ya estaba todo prácticamente listo. Al día siguiente una tempestad terrible con lluvias torrenciales azotó el barrio durante dos días.

Cuando la tempestad hubo terminado, el rabino se acercó a su sinagoga. Su corazón desfalleció al ver que el tejado no había soportado el peso del agua, y se había abierto un gran boquete en lo alto de la pared delantera. Limpió el suelo y retomó el regreso a su casa.

En el camino, algo le hizo entrar a una feria de cosas usadas. Le llamó la atención un hermoso mantel que tenia bordadas todas las festividades del judaísmo. Tenía el tamaño justo para cubrir el agujero de la pared. Lo compró y volvió al templo.

Para entonces, ya había comenzado a nevar. Una señora mayor corría por la acera de enfrente para coger el autobús, pero no lo logró. El rabino la invitó a esperar dentro del templo, donde estaría más protegida hasta que pasara el próximo autobús, 45 minutos mas tarde. Ella se sentó en un banco del templo y no prestó atención al rabino, mientras él traía una escalera y materiales para colgar el mantel como si fuera una pieza de tapicería. Cuando terminó, pudo comprobar que no solo cubría completamente el agujero de la pared, sino que se veía muy hermoso.

En ese momento vio a la mujer caminando por el pasillo central. Su cara estaba blanca como el papel. «Rabino, ¿donde consiguió este mantel?», preguntó. El rabino le explicó que lo había encontrado en una feria donde vendían objetos antiguos. Entonces ella le pidió que revisara la esquina inferior derecha, para ver si estaban bordadas las iniciales EBG. Y en efecto, ahí estaban. Eran las iniciales de la mujer, que las había bordado hacía 35 años en Austria, antes de la guerra, cuando ella y su marido eran gente acomodada de Viena. Con la llegada de los nazis se vio forzada a huir sola del país; su esposo la seguiría más tarde. Pero fue capturada y trasladada a un campo de concentración, y nunca más volvió a ver su esposo ni regresó a su hogar. El rabino quiso darle el mantel, pero ella prefirió que lo dejaran allí. Él insistió en llevarla a su casa, era lo menos que podía hacer. La mujer vivía al otro lado de Staten Island y había ido a Brooklyn solo para trabajar de mujer de la limpieza.

El día de la inauguración fue maravilloso. El templo estaba lleno y la música y el ambiente eran fantásticos. Al finalizar el servicio, el rabino y su esposa saludaron a cada feligrés en la puerta y muchos dijeron que volverían. Pero un hombre mayor continuaba dentro, sentado en una de las banquetas con la mirada fija en el mantel. Cuando el rabino se le acercó, le preguntó dónde lo había comprado, ya que era idéntico al que su esposa había bordado hacía muchos años, cuando vivían en Austria. Le relató como llegaron los nazis, como obligó a su esposa a escapar por su propia seguridad, y como él no pudo seguirla porque fue detenido. Nunca más había vuelto a verla.

El rabino, conmovido, le dijo que el día de la Janukah tenía una sorpresa para él, y le pidió que lo acompañara. Se dirigieron a Staten Island, a la misma casa donde había llevado a la mujer unos días antes. Ayudó al hombre a subir los tres pisos, llamó a la puerta y presenció el más hermoso encuentro que pudiera haber imaginado. Un verdadero milagro estaba ocurriendo frente a sus ojos.

Comentario

Aquel encuentro no fue un milagro, sino un acontecimiento natural producido por la Ley de Atracción. Sin duda ambos esposos separados por la fuerza y el azar, tuvieron en mente la ilusión del reencuentro a lo largo de 35 años. Debido a su sufrimiento, quizá resultó inevitable que cada tanto interfirieran en su esperanza algunos pensamientos negativos, que impidieron por un período tan largo la recepción de su pedido. Lo que demuestra que nuestro trato con el poder del Universo debe ir acompañado de paciencia y esperanza.

En coma profundo

Testimonio de Neavei Isaac (Queensland, Australia)

Una noche, mientras me relajaba en nuestra casa en Sunshine Coast, en Queensland, recibí una llamada de unos amigos de Nueva Zelanda. Sin disimular su angustia me informaron que mi hija mayor, Mel, estaba ingresaba en cuidados intensivos en el Hospital Waikato en Hamilton. Se encontraba en un coma profundo y acababa de ser trasladada en helicóptero desde Rotorua, porque el hospital local no podía hacer nada por ella.

Sentí a la vez un terrible dolor y una cierta sorpresa. Mel era una mujer joven y fuerte, que estaba en muy buena forma física. Estaba en Nueva Zelanda en calidad de asistente del director en una escuela pequeña, y en sus cartas yo no había advertido ningún indicio de que estuviera preocupada por su salud. Inmediatamente llamé al Hospital Waikato y después de cierta demora me las arreglé para conectar con el médico encargado de su caso. Al principio se mostró reacio a decirme algo, pero cuando le hablé de ir a Hamilton por unos días para estar con Mel, me dijo que era poco probable que ella recuperara la conciencia. Después de alguna vacilación, agregó que sus niveles de oxígeno en sangre eran demasiado bajos para mantenerla con vida, y que tal vez sería mejor esperar unos días hasta ver si el tratamiento funcionaba. Me di cuenta que el médico intentaba decirme que mi hija iba a morir.

Mi esposa, Denise, y yo rezamos con fervor por la vida de Mel. La noche transcurrió lentamente y muy pronto por la mañana me llamó a la puerta un pastor, Andrew Pedrana, que atendía espiritualmente a los enfermos del hospital. Tan pronto como se enteró de la gravedad del caso organizó un equipo de oración junto a su colega el pastor Miles Delwyn.

Algunas horas más tarde esos buenos religiosos nos dijeron que el personal del hospital les había dado permiso para que el equipo pastoral rezara a la cabecera de la cama de mi hija. El equipo de la UCI, pese a sus esfuerzos, no conseguía estabilizar a Mel. Estaban bombeando oxígeno puro en los pulmones de mi hija, incluso sabiendo que el oxígeno es tan corrosivo que puede matar rápidamente a una persona sana. Comprendí que si los médicos corrían ese riesgo, era porque no tenían otra opción. Pero a pesar de este último intento, el nivel de oxígeno en la sangre de Mel seguía bajando.

En esa época yo trabajaba como subcontratista en la industria de la construcción. Una mañana, mientras transportaba materiales a la obra, me vi en el retrovisor llorando de desesperación por el estado de mi adorada hija. Entonces entendí que los médicos no podían hacer nada para salvarla, y que sólo una fuerza superior podría conseguirlo. Ese domingo, mientras rezaba en la iglesia, una voz respondió a mis ruegos diciendo que no me preocupara por

Mel y mi otro hijo, Norton, porque existía un plan para sus vidas y los dos vivirían muchos años.

Estaba en el templo, y pensé que era Jesús quien me daba esa respuesta. Hoy sigo creyendo en Él, como la fuerza divina que pudo hacer que Mel se recuperara rápidamente. Los generosos pastores atribuyeron la mejoría a sus oraciones, y los médicos la calificaran de milagro.

Al día siguiente de oír aquella voz, hice arreglos con la constructora, para que otra persona se hiciera cargo de mi trabajo y cogí el primer vuelo a Hamilton. Al llegar busqué rápidamente un taxi para ir al hospital. En pocos minutos estuve junto a la cama de Mel, que ya mostraba los primeros indicios de recuperación. Mis pensamientos volvieron entonces a diecisiete años atrás, el día que su madre y yo nos separamos.

El divorcio era algo común entre la gente de mi generación, y Denise y yo nos habíamos separado amigablemente. Sin embargo, dejar a mis hijos fue lo más doloroso que había hecho nunca. Me dolió terriblemente por la pérdida de mi pequeña familia, mi preciosa Mel y mi amado hijo Norton. En aquel momento, cuando miré a Mel en su cama del hospital, supe que los amaba a los dos más que nunca.

Sostuve la mano de Mel y le dije que en mi corazón todavía estaba mi pequeña niña de ocho años, que quería seguir siendo su papá y que no estaba dispuesto a dejarla morir. Le dije que mientras yacía allí, en coma profundo, yo había comprendido que los dos compartíamos la eternidad del Universo, y que después de haber vivido la mayor parte de mi vida en la perplejidad y la oscuridad, había descubierto que Dios es real y que siempre cumple el contrato que tiene con sus criaturas.

Colocando la mano en su frente, recé pidiendo la curación de mi preciosa hija. Un sentimiento de paz y plenitud me llenó y supe que todo estaba bien. Después de unos minutos me senté en silencio y di las gracias al Señor por su gracia y misericordia.

Al rato llegaron la madre de Mel y mi hijo Norton, que me habían perdido en el aeropuerto donde habían ido a buscarme. Después de todas las explicaciones y los saludos correspondientes, hablamos de la condición de Mel. Por supuesto estaban muy preocupados por ella y no estaban de acuerdo con el

tratamiento impuesto por los médicos. Les informé que había orado, que estaba seguro de que se recuperaría.

En ese momento, la madre de Mel me recordó que ni ella ni Mel eran creyentes. Preferí no discutir y le dije que yo sí tenía fe en su pronta recuperación. A la mañana siguiente el nivel de oxígeno en la sangre de Mel había vuelto a la normalidad. Pero el personal médico nos advirtió de que las secuelas podían ser muy graves, y que debíamos estar preparados.

Una vez más, rogué al Cielo su recuperación completa, y me inundó una súbita paz. Al día siguiente Mel fue desconectada de las máquinas y respiraba con normalidad.¡Alabado sea el Señor!, exclamé para reclamar su curación completa. Al tercer día después de mi llegada Mel recuperó el conocimiento completo, y al quinto día, aunque todavía muy débil, era capaz de jugar a las cartas y conversar un poco.

Desde entonces, Mel ha llegado a estudiar otra carrera universitaria. Esta vez estudió informática y recientemente me informó que había aprobado los exámenes finales con la calificación de excelente. ¡Alabado sea el Señor!

Comentario

He aquí una historia conmovedora, en la que se da un complejo juego de la Ley de Atracción y el pensamiento positivo. En primer lugar, hay una transferencia mental para desear la curación, ya que al encontrarse Mel en coma, no controla las vibraciones de su cerebro.

Es entonces Neavei, su padre, quien asume no solo su cuidado, sino también la transmisión intensa y permanente del deseo de que ella se recupere. Con esa decisión acepta el rezo de los pastores (quizá sus oraciones pueden ayudar) y confronta la fe religiosa de su ex mujer y su hijo con su propia fe en el poder del Universo.

El terremoto de Haití

Resumen de noticias

El terremoto de Haití el 12 de enero de 2010 ha sido sin duda uno de los sucesos más devastadores y trágicos ocurridos en esa región en toda su historia. Con una estimación de cientos de miles de muertos, la esperanza pareciera no tener cabida luego de la catástrofe. Sin embargo, ha habido un lado milagroso que es una luz al final del túnel en medio del desastre: las increíbles historias de supervivencia que han llenado portadas en todo el mundo.

Es el caso de Elisabeth, un bebé de 23 días, que fue rescatada con vida por tres equipos de socorristas franceses y uno bombero colombiano. Gracias a la fe y las esperanzas positivas de sus integrantes, encontraron a la pequeña entre los hierros que quedaron de una casa en Jacmel, al sur de Haití. La niña, que había estado una semana sin alimentarse, fue trasladada a un hospital de campaña norteamericano para su examen y recuperación, y hoy disfruta de buena salud.

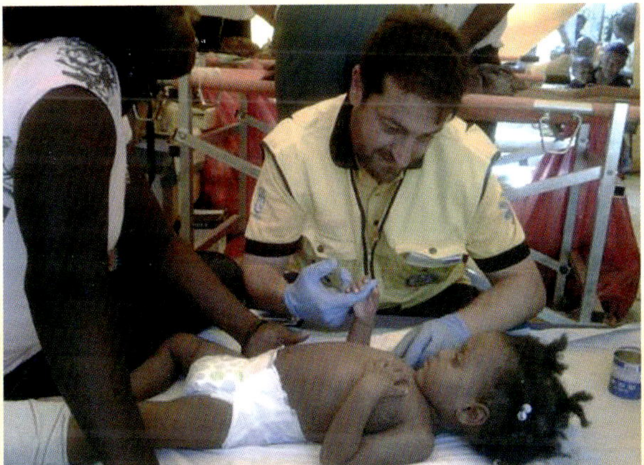

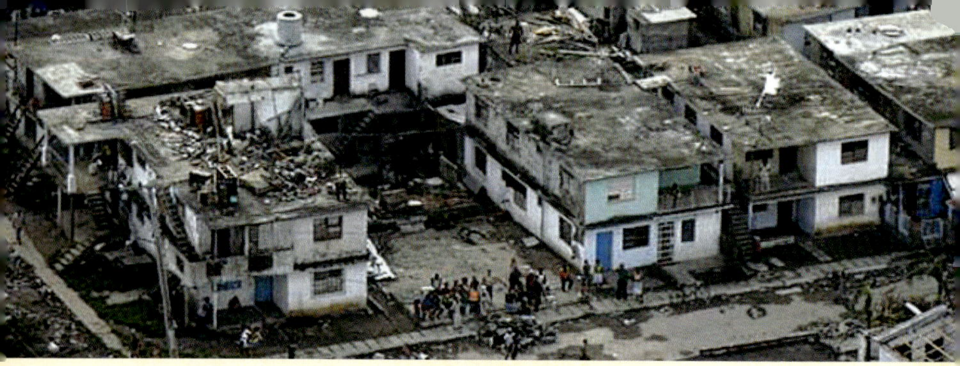

También obtuvo una respuesta favorable Ena Zizi, una anciana de 69 años que resistió ocho días completos bajo las ruinas de la catedral de Puerto Príncipe, alimentándose solamente del agua que emanaba de un tubo. Sarah Wilson, una rescatadora profesional británica, relató el hecho como un verdadero milagro: «Ella (Ena Zizi) estaba cantando cuando la sacamos. Todos aplaudimos y nos emocionamos. Tuvo una resistencia increíble, nadie podía creer que aún estuviera viva», indicó Wilson.

Los rescatadores mexicanos que la sacaron se abrazaron entre lágrimas mientras la anciana, cubierta de polvo, era colocada en una camilla improvisada para trasladarla en camión al hospital. Mientras la trasladaban, la abuela Zizi comentaba: «dentro estaba bien, sólo le hablaba a Dios y no necesitaba a ningún humano para ser salvada».

Kiki Joachin, de ocho años, se convirtió también en la cara de la esperanza de esta devastadora tragedia. El niño salió de entre los escombros con los brazos abiertos de felicidad y una sonrisa, después de pasar más de una semana enterrado en las ruinas de su casa. Se salvó también su hermana Sabrina de diez años, y dijo que la sonrisa de Kiki reflejaba su alegría por haberse cumplido su optimista certeza de que sería salvado.

Hotteline Losada, de 25 años, también se salvó de milagro del terremoto. Cubierta completamente de polvo, fue rescatada de los escombros de un centro comercial después de una semana sin agua ni comida. «¡Es un milagro de Dios!», gritaba cuando era sacada por un equipo de rescate.

Quizás los casos más emblemáticos son los de bebés que lograron salir ilesos del devastador sismo. Michelene Joassaint, de 22 años, daba por muerto a su hijo de tan solo meses después de que el terremoto destruyera completamente su casa, sin embargo, éste salió ileso. «Fue la misericordia de Dios», decía entre lágrimas. Winnie, una niña de 18 meses, pasó tres días enterrada bajo los restos de su casa y junto al cuerpo sin vida de su abuelo. Nadie sabía de la presencia de la niña hasta que un grupo de vecinos escuchó sus llantos y acudió al lugar un equipo de reporteros de un canal de TV australiano. Como la ayuda se demoraba un reportero decidió meterse bajo los escombros y ayudar a la pequeña que se debatía entre la vida y la muerte. Winnie pudo salir viva y casi ilesa de la catástrofe. Las enfermeras del hospital de Puerto Príncipe que la atendieron lo comentaban como otro milagro. «Esto es increíble, no tenía ni una fractura ni un esguince —declaró una de ellas mientras le daba agua. Solo un niño puede sobrevivir seis días en esas condiciones». Finalmente, otro bebé fue rescatado milagrosamente. «Cuando lo veo lloro de alegría y creo en Dios más que nunca, había perdido toda esperanza de encontrarlo vivo», decía su madre mientras se secaba las lágrimas que corrían por sus mejillas.

«La vida es más fuerte, después de todo» es una frase que resume la esperanza de los que ayudan en Haití. También es la misma que pronunció el médico que atendió el alumbramiento del primer niño haitiano después del desastre. Ocurrió en un hospital de campaña donado por el gobierno israelí e instalado en medio de una cancha de fútbol en Puerto Príncipe. La madre, agradecida, anunció que el niño se llamaría Israel. Su padre sigue aún como uno de los miles de desaparecidos en la tragedia.

El último milagro

El último caso de un milagroso rescate lo vivió el joven de 24 años Exantus Wismond, que pasó once días sepultado en una cavidad formada por los bloques de hormigón del edificio que cayó sobre el comercio en el que trabajaba. El joven había sido localizado por un grupo de saqueadores que rondan por la zona del llamado Centre ville. Estos habían avisado a un periodista griego, quien a su vez dio aviso a un destacamento de bomberos de su país.

Un equipo de rescate griego, apoyado por un impresionante contingente francés, abrió un hueco entre los bloques de hormigón para poder llegar hasta Exantus, que se encontraba a unos ocho metros de profundidad. Al sacar al joven los socorristas franceses y griegos pidieron silencio a todos los asistentes. Cuando por fin su camilla entró en la ambulancia, el público, espontáneamente, prorrumpió en aplausos. Se había producido un nuevo milagro.

Comentario

En la luctuosa catástrofe de Haití murieron casi 200.000 personas, entre adultos y niños. ¿Por qué unas pocas sobrevivieron varios días entre las ruinas y escombros hasta ser rescatadas? Según testimonios de los socorristas que las encontraron, las condiciones de su encierro eran iguales o peores que las de otras víctimas que perdieron la vida. Quizá sus familiares imaginaron su salvación con más fuerza y constancia; quizás ellas mismas mantuvieron su fe y su esperanza positiva a pesar de su desesperada situación.

Esta última suposición no vale para los bebés, que no pueden tener conciencia de lo que les ocurre, y menos aun la posibilidad de crear imágenes positivas.

En estos casos todo el mérito debe adjudicarse a las madres, cuyo ferviente deseo sin duda puso en marcha a la Ley de Atracción.

La abuela

Testimonio anónimo

Esta es mi historia milagro. El año pasado mi abuela, que se ha hecho cargo de mí toda mi vida, se puso de pronto muy enferma. Lo supe por mi hermana, que me pidió que viajara con ella para ver a nuestra abuela y decirle adiós. Al llegar al hospital, fuimos recibidas por el resto de la familia. Todo el mundo lloraba, diciendo que la abuela nos estaba dejando. En realidad tenía ya 86 años, por lo que no era un golpe enorme ni una sorpresa para nosotros, y pienso que ella misma estaba preparada para morir. Pero aquel día en el hospital me tomó la mano y me dijo que me amaba, y que ella pronto saldría bien de aquel trance.

Esa noche la abuela fue conectada a una máquina de respiración artificial, y dos días después ya se encontraba mejor que nunca. No murió, como todos pensaban, y solo ella y yo sabíamos que iba a ponerse bien. Este fin de semana fuimos a verla con mi hermana, y ella estaba allí, animosa y contenta, para comer y reír con nosotros. Ese es mi milagro, mi convicción de que una persona cariñosa y positiva no solo tendrá una vida feliz y sana, sino también bastante larga.

Comentario

Hay en este caso una especie de triunfo del amor. Tanto la abuela como la nieta sienten un gran cariño la una por la otra, y sus deseos coincidentes imaginan poder disfrutar un tiempo más de ese amor, a pesar de la grave situación de la anciana. Gracias a eso, la Ley de Atracción pudo hacer que se recuperara para seguir disfrutando de todos sus afectos.

Un accidente de carretera

Testimonio anónimo

El 15 de diciembre de 2004 mi esposa y yo tuvimos un horrible accidente de tráfico, que apenas nos dio tiempo de encomendarnos al Altísimo. Por los daños que sufrió nuestra camioneta Windstar 1995, totalmente destrozada, deberíamos haber resultado gravemente heridos, si no muertos. Pero por la misericordia de Dios, escapamos milagrosamente sin huesos rotos, ni lesiones internas que afectaran a órganos vitales. Sólo sufrimos algunos pequeños cortes, que no necesitaron puntos de sutura.

La noche antes del accidente trabajé un turno de doce horas, y volví muy cansado. Después de una siesta salimos para hacer unas compras de Navidad en Moncton, New Brunswick. Todavía estaba cansado y con sueño, y mi esposa prefirió conducir mientras yo dormía en el asiento del copiloto. Viajábamos a lo largo de una carretera de cuatro carriles a aproximadamente 110 kilómetros por hora, cuando mi esposa le cogió sueño a causa del calor. Cerró los ojos por un instante y el coche se desvió hacia el arcén.

Oímos el sonido de la grava y el golpe de la camioneta contra una señal metálica. Intentó controlar el volante y se desvió a la derecha, cruzó los dos carriles, bajó una pendiente y la camioneta rodó por lo menos una o dos veces y chocó contra un muro de piedra. La distancia entre la señal de metal dañada y el lugar donde fuimos a parar era de unos 70 pasos o menos. (de haber seguido unos diez metros más abajo podríamos haber topado con un puente y caer por un profundo barranco).

Los daños de la camioneta eran importantes, pero los pagaría nuestra compañía de seguros. El parabrisas se hizo añicos, la luneta trasera y cuatro ventanas laterales se rompieron totalmente, tres neumáticos estallaron, y dos airbags se desplegaron. Cuando todo aquel caos se aquietó alrededor de nosotros, puedo decir con sinceridad ante Dios que ni ella ni yo teníamos ningún daño personal. Asimismo, no sentí ningún tipo de impacto en absoluto cuando la

camioneta se estrelló contra la pared. ¡Para mí fue como si solo se detuviera y se aparcara!

Lo único que recuerdo es a mi esposa llamándome por mi nombre, abrir los ojos y ver que íbamos hacia una pared de piedra que parecía estar casi justo encima de nosotros. Recuerdo que pensé que iba a morir, pero sentía una total tranquilidad al respecto. La razón de eso es que yo siempre pensaba que la vida puede acabarse sin previo aviso, por lo que mantenía una vigilancia optimista sobre esa posibilidad.

Una vez el coche se detuvo, me volví hacia mi esposa y para ver si se encontraba bien. Tenía sangre en la cara, y le pregunté dónde estaba su teléfono móvil. Ella lo buscó en su bolso y me lo dio. En ese momento vi a un hombre que se acercaba y le di nuestro teléfono para que llamara a una ambulancia. Mientras él estaba llamando, me empecé a mover con cuidado para ver si tenía algo roto. Vi una gota de sangre en la parte frontal de la nariz, algunas marcas en las manos por los cristales rotos y un cierto malestar en el lado izquierdo de la espalda. Pero aparte de eso me sentía bien.

Estaba tan sorprendido de haber sobrevivido a esa terrible experiencia, que salí y tomé varias fotografías del accidente. Los socorristas me pidieron que me sentara en la camioneta y me cubrieron con una manta, mientras atendían también a mi esposa. Nos pusieron un collarín por si había alguna fractura en las cervicales y nos trasladaron por al centro de salud de Sussex que estaba solo a alrededor de diez kilómetros de distancia. Allí controlaron nuestra presión arterial, nos tomaron radiografías y nos administraron vacunas antitetánicas. Las radiografías demostraron que no había ningún hueso roto. Luego permanecimos en observación durante unas horas, y después fuimos dados de alta. Este no fue el único momento en que el destino nos ha protegido en la carretera. Hace menos de dos años nos dirigíamos a Hampton para pasar una semana en un campamento de servicios voluntarios. Había bastante niebla y mi esposa estaba conduciendo muy rápido. Tuve una fuerte premonición de que podíamos tener un accidente. Le aconsejé reducir la velocidad y estar atenta dada la escasa visibilidad. Ella siguió mi consejo, alzó el pie del acelerador y continuamos avanzando a una velocidad más razonable. Unos minutos más tarde un ciervo cruzó la carretera, a tan solo unos metros de distancia, pero conseguimos esquivarlo sin dificultad. Un poco en broma y un poco en serio, suelo atribuir nuestra buena fortuna a que la Providencia no quiere hacer daño a gente tan optimista y positiva como nosotros.

Comentario

Ya lo dice el anónimo protagonista de este informe: la gente que mantiene una visión optimista y positiva de la vida se lleva mejor con la Providencia. O sea, su intercambio de vibraciones con la Ley de Atracción suele ser más flexible y eficaz. Salir indemne de los dos accidentes es prueba de que lo importante es rechazar cualquier pensamiento trágico negativo, aunque el peligro sea evidente.

Catástrofe aérea

Testimonio de David Booth

En mayo de 1979, David Booth, un oficinista de Cincinnati, Ohio, sufre una pesadilla donde él asiste impotente a una catástrofe aérea en un gran aeropuerto del país. El joven sueña que un gran jet con el logotipo de American

Airlines levanta penosamente el vuelo, se inclina súbitamente y se estrella en la pista, estallando en una enorme explosión de fuego y humo negro. Cada vez el sueño es más preciso.

Después de consultar con su psiquiatra, Booth decide advertir al aeropuerto de Cincinnati. Allí, los expertos tratan, sin éxito, de adivinar, gracias a los detalles proporcionados por Booth, de qué aeropuerto se trata. Además, la compañía American Airlines refuerza las medidas de seguridad en sus grandes aviones. A pesar de todo, el 21 de mayo, en el aeropuerto de Chicago, un DC-10 de la American Airlines se estrella brutalmente al despegar, siguiendo paso por paso el drama soñado por el joven. 237 personas encuentran la muerte y la pesadilla de David termina, aunque trágicamente.

Quizá las imágenes nefastas y negativas del sueño de David Booth, impulsaron a la Ley de Atracción a hacerlas realidad, provocando seguramente una terrible catástrofe.

Comentario

Cerramos este apartado con un ejemplo de las terribles consecuencias que puede tener la persistencia de los pensamientos negativos.

David Booth no consigue alejar de su mente las trágicas imágenes del accidente aéreo, ni atina a contrarrestarlas con una visión más positiva; por ejemplo, los pasajeros saliendo sanos y salvos de la aeronave caída. Y la Ley de Atracción, neutra e impasible, actúa en consecuencia.

7.

Los dioses y el Universo

El Universo no es algo
que haya surgido al azar.

Jean Audouze

Desde el principio de los tiempos, todas las culturas elaboraron una explicaciones míticas sobre la formación del Universo, que los antropólogos llaman «cosmogonías». Esos mitos estaban basados en las deidades, generalmente numerosas, y por lo común ligadas a los astros visibles en el cielo (el Sol, la Luna, Marte, Venus, las constelaciones estelares, etc) o a las catástrofes imprevisibles, como los incendios o las inundaciones. Las cosmogonías más estudiadas y más conocidas son las de las grandes tradiciones de la antigüedad, como la egipcia, la sumeria, la hebrea, la griega o la romana. Sin embargo, otros pueblos y culturas primitivas crearon asimismo mitos tanto o más complejos e imaginativos, que en las últimas décadas han despertado el interés de los investigadores.

Mitología es lo que llamamos a las religiones de otras personas.

Joseph Campbell
(Antropólogo estadounidense)

El libro del Génesis bíblico

El relato sobre la creación más conocido en Occidente y otras culturas de raíz judeocristiana, es el libro del Génesis del Antiguo Testamento, o primer capítulo de la Torá hebrea. Su contenido expresa la visión monoteísta de un Dios todopoderoso, que no solo es el creador del Universo y todos sus seres, sino también el dueño de la inmensa energía que mantiene su equilibrio y produce sus gigantescos estallidos. Los actuales conocimientos de la astrofísica y la arqueología humana, han motivado que la Iglesia acepte considerar al texto del Génesis como una narración metafórica de la obra de Dios.

Reproducimos a continuación la primera parte del relato bíblico, que hace referencia a la creación del Universo y la Tierra.

1:1. En el principio creó Dios los Cielos y la Tierra.

1:2. Y la Tierra estaba desordenada y vacía, y las tinieblas cubrían la faz del abismo, y el Espíritu de Dios se movía sobre la superficie de las aguas.

1:3. Y dijo Dios: Sea la luz; y fue la luz.

1:4. Y vio Dios que la luz era buena: y apartó la luz de las tinieblas.

1:5. Y llamó Dios a la luz Día, y a las tinieblas llamó Noche y fue la tarde y la mañana del primer día.

1:6. Y dijo Dios: Haya expansión en medio de las aguas, y separe las aguas de las aguas.

1:7. E hizo Dios la expansión, y apartó las aguas que estaban debajo de la expansión, de las aguas que estaban sobre la expansión; y fue así.

1:8. Y llamó Dios a la expansión Cielos, y fue la tarde y la mañana el día segundo.

1:9. Y dijo Dios: Júntense las aguas que están debajo de los cielos en un lugar, y descúbrase la seca; y fue así.

1:10. Y llamó Dios Tierra a la seca, y a la reunión de las aguas llamó Mares; y vio Dios que era bueno.

1:11. Y dijo Dios: Produzca la tierra hierba verde, hierba que dé simiente; árbol de fruto que dé fruto según su género, que su simiente esté en él, sobre la tierra; y fue así.

1:12. Y produjo la tierra hierba verde, hierba que da simiente según su naturaleza, y árbol que da fruto, cuya simiente está en él, según su género; y vio Dios que era bueno.

1:13. Y fue la tarde y la mañana el día tercero.

1:14. Y dijo Dios: Haya en el firmamento de los Cielos lumbreras para apartar el día y la noche, y servir de señales para las estaciones, y para días y años.

1:15. Y luzcan en la extensión de los Cielos para alumbrar sobre la Tierra; y así fue.

1:16. E hizo Dios las dos grandes lumbreras; la lumbrera mayor para que señorease en el día, y la lumbrera menor para que señorease en la noche; e hizo también las estrellas.

1:17. Y púsolas Dios en los Cielos, para alumbrar sobre la Tierra.

1:18. Y para señorear en el día y en la noche, y para apartar la luz y las tinieblas; y vio Dios que era bueno.

1:19. Y fue la tarde y la mañana el día cuarto.

1:20. Y dijo Dios: Hiervan de animales las aguas, y vuelen sobre la Tierra aves bajo el firmamento de los Cielos.

1:21. Y creó Dios los grandes monstruos del mar y todos los animales que bullen en él, y toda cosa viva que anda arrastrando, que las aguas produjeron según su especie, y todas aves aladas según su especie; y vio Dios que era bueno.

1:22. Y Dios los bendijo diciendo: Procread y multiplicaos, y henchid las aguas en los mares, y las aves se multipliquen sobre la Tierra.

1:23. Y fue la tarde y la mañana el día quinto.
1:24. Y dijo Dios: Produzca la Tierra seres vivientes según su género, bestias y serpientes y animales de la tierra según su especie: y fue así.
1:25. E hizo Dios animales de la tierra según su género, y ganado según su género, y todo animal que anda arrastrando sobre la tierra según su especie; y vio Dios que era bueno.
1:26. Y dijo Dios: Hagamos al hombre a nuestra imagen, conforme a nuestra semejanza; y señoree en los peces de la mar, y en las aves de los cielos, y en las bestias, y en toda la Tierra, y en todo animal que anda arrastrando sobre la tierra.
1:27. Y creó Dios al hombre á su imagen, á imagen de Dios lo creó; varón y hembra los creó.
1:28. Y los bendijo Dios; y díjoles Dios: Procread y multiplicad, y henchid la tierra, y sojuzgadla, y señoread en los peces de la mar, y en las aves de los cielos, y en todas las bestias que se mueven sobre la tierra.
1:29. Y dijo Dios: He aquí que os he dado toda hierba que da simiente, que está sobre la haz de toda la tierra; y todo árbol en que hay fruto de árbol que da simiente, os doy para comer.
1:30. Y a toda bestia de la Tierra, y a todas las aves de los cielos, y a todo lo que se mueve sobre la tierra, en que hay vida, toda hierba verde les doy para comer; y fue así.
1:31. Y vio Dios todo lo que había hecho, y he aquí que era bueno en gran manera. Y fue la tarde y la mañana el día sexto.

Comentario

Los hebreos, primer pueblo monoteísta de la antigüedad, adoraban a un dios todopoderoso y exclusivo, que guiaba sus pasos, conducía las batallas, premiaba o castigaba sus acciones, e intervenía personalmente en la vida cotidiana. Se le podían elevar preguntas, súplicas y reclamos, e incluso discutir con él. En ese aspecto era un dios cotidiano y terrenal, pero ostentaba a la vez una cualidad omnipotente y cósmica. Una eternidad que lo hace anterior y superior al Universo que él mismo ha creado.

Su creación es manifestación de una fuerza inimaginable, de la que dotó al propio Universo en forma de estallidos nucleares, radiación cósmica de microondas o fuerzas físicas como la gravedad, aparte de la enigmática «energía oscura» que ocupa el 70% del espacio conocido. De acuerdo con El Secreto, la Ley de Atracción es una cualidad que compartimos con el Universo, y según las oraciones y la liturgia de las religiones cristianas ese Universo está regido por Dios.

Santo, santo, santo es el Señor, Dios del Universo.
Llenos están el Cielo y la Tierra de su gloria.

Plegaria eucarística

La creación en otras culturas

El Gran Dios Espíritu

Mitología australiana

Dentro de los mitos de creación entre los pueblos nativos australianos, puede que el más extendido sea el del dios Baiame, también llamado Balame, Byamee o Biame, nombres que proceden del vocablo biai «hacer». Esta deidad ancestral es conocida como «El más Grande» o «El Creador» y es el responsable de la creación del mundo.

El dios Baiame creó tres tribus diferentes de seres vivos para poblar la Tierra. En primer lugar dio vida a la tribu de los animales y habitantes del suelo; en este grupo encontramos seres de tamaños y formas diversas, desde los reptiles que se arrastran por el suelo, hasta los canguros y los koalas. En segundo lugar, creó la tribu de los pájaros, integrada por curiosas aves de todos los tamaños y colores. En último lugar, instituyó la tribu de los peces, que poblaron los ríos, los lagos, las charcas y los amplios mares. En medio de estas tribus vivía una extraña criatura, llamada Platypus que compartía cualidades con las tres tribus; así, tenía piel como los animales, ponía huevos como los pájaros y nadaba como los peces.

Este ser tenía amistad con cada uno de esos grupos, que pronto sintieron una gran admiración y respeto por él. Según cuenta la leyenda, un desafortunado día las tribus empezaron a discutir sobre cuál de ellas era la mejor. La discusión se volvió tan violenta, que los grupos se enfrentaron en combate y finalmente se separaron. Cada una de las tres tribus invitó a Platypus a que se uniera a ella; primero la de los animales, con el gran canguro Bagaray a la cabeza; después la de los pájaros, liderada por el gran águila Buntil; y finalmente los peces, con Goodoo al frente. Platypus agradeció a todos su interés y tras meditar unos instantes, respondió:

—Me gustaría unirme a vosotros, animales, ya que tengo piel como vosotros; me gustaría unirme a vuestra tribu, pájaros, ya que pongo huevos y me alimento de gusanos como vosotros; peces, nado con vosotros diariamente y somos grandes amigos, por lo que me gustaría formar parte de vuestra tribu. Ante un decisión tan difícil, he considerado que no me uniré a ninguna tribu por separado —ante las protestas de todos los seres, Platypus continuó—: Sin embargo me uniré a todos dado que sois parte de mí, del mismo modo que yo soy parte de todos vosotros. Por lo tanto ningún grupo o tribu es mejor que otra, ni yo mejor que ninguna de las tres. Cada uno de vosotros es especial y único en su existencia.

El Génesis aborigen

Otra leyenda de Baiame relata que el dios, después de crear la Tierra, creó al primer hombre y a la primera mujer a partir del barro y el polvo. Según cuenta este mito aborigen, Baiame los llevó a vivir un lugar paradisíaco. Antes de dejarlos, les advirtió que tenían prohibido comer animales y les indicó las plantas que podían comer. La lluvia y el sol daban vida a las plantas, cuyo fruto servía de alimento a esta pareja. Pero un día la lluvia cesó y, por primera vez se supo lo que era el hambre. En un momento de desesperación, el hombre se atrevió a matar a un animal, un canguro, que compartió con su hambrienta esposa.

Según una de las versiones del mito, la pareja ofreció parte del novedoso sustento a un amigo enfermo y debilitado por la falta de alimento. Sin embargo, el hombre rechazó comer carne animal y, advirtiéndoles de su error, se marchó. Por su parte, la pareja

continuó con su festín, tras lo cual siguieron las huellas desparejas de su pobre amigo. Le encontraron a los pies de un eucalipto al otro lado de un río de fuerte corriente. Desde la otra orilla la pareja, contemplaba a su amigo y, cuando estaba a punto de marcharse, quedó estupefacta y aterrorizada ante la visión de una figura negra, mitad humana, mitad bestia, que saltando de las ramas de aquel árbol, se abalanzó sobre el cuerpo de su inmóvil amigo. Aterrorizados el hombre y su esposa, vieron como aquella figura horrible se llevaba a su amigo y desaparecía. De repente, una gran humareda salió del árbol, tras lo cual se escuchó un ruido desgarrador, como si el árbol se rompiese solo y sus raíces se despegaran de la tierra. El árbol se levantó y se alejó de la pareja volando hacia el sur. Así es como por primera vez la muerte llegó a la Tierra. Un ser humano había perdido la vida a manos de una criatura llamada Yowee que es el Espíritu de la Muerte.

Comentario

La primera parte de este mito aborigen tiene evidentes semejanzas con el libro del Génesis bíblico, tal vez porque las mitologías se copian unas a otras desde siempre, y es posible que respondan a un «Gran Mito» original. En ambos relatos la primera pareja humana es creada del barro, mezcla de tierra (la materia del cosmos) y agua (la fuente de la vida). También los dos mitos coinciden en su escenificación: un Edén, así como en la restricción divina sobre algunos alimentos y la desobediencia por parte de los humanos a esa prohibición. Difieren a partir de la aparición del «amigo enfermo» en la versión australiana, pero ambos mitos vuelven a parecerse en la presentación del Mal, encarnado por la bestia Yowee por un lado y por la serpiente satánica por el otro. Es asimismo interesante el matiz naturalista del mito australiano, ya que la primera vez que muere un ser humano puede ser vista como un castigo por haber matado a un animal, incumpliendo las normas establecidas por el Creador.

La transfiguración de P'an Ku

Cosmogonía china

Al principio, los Cielos y la Tierra eran solamente uno y todo era caos. El Universo era como un enorme huevo negro, que llevaba en su interior al dios P'an-Ku. Tras 18.000 años P'an-Ku se despertó de un largo sueño. Sofocado por ese prolongado encierro, empuñó un hacha enorme y la empleó para abrir el huevo. La luz, la parte clara, ascendió y formó los Cielos, la materia oscura y turbia permaneció debajo para formar la Tierra. P'an-Ku se quedó en el medio, con su cabeza tocando el Cielo y sus pies sobre la Tierra. La Tie-

rra y el Cielo empezaron a crecer a razón de diez pies al día, y P'an-Ku creció con ellos. Después de otros 18.000 años el Cielo era más grande y la Tierra más gruesa. P'an-Ku permaneció entre ellos como un pilar gigantesco, impidiendo que volviesen a estar unidos.

Un día Pan-Ku falleció, y diversas partes de su organismo se transformaron en elementos del Universo. Su aliento se transformó en el viento y las nubes, su voz se convirtió en el trueno. Uno de sus ojos se transformó en el Sol y el otro en la Luna. Su cuerpo y sus miembros, se convirtieron en cinco grandes montañas y de su sangre se formó el agua. Sus venas se convirtieron en caminos de larga extensión y sus músculos en fértiles campos. Las interminables estrellas del cielo aparecieron de su pelo y su barba, y las flores y árboles se formaron a partir de su piel y del fino vello de su cuerpo. Su médula se transformó en jade y en perlas. Su sudor fluyó como la generosa lluvia y el dulce rocío que alimenta a todas las cosas vivas de la Tierra.

En otras versiones del mito de P'an-Ku, sus lágrimas fluyeron para convertirse en ríos y el resplandor de sus ojos se transformó en el trueno y el relámpago. Según esta interpretación, cuando P'an-Ku estaba contento brillaba el sol, pero cuando estaba enfadado negras nubes cubrían el cielo. También la aparición del ser humano se explica en este mito de P'an-Ku en forma un tanto irónica, ya que según algunos relatos, las pulgas y los piojos que P'an-Ku tenía en su cuerpo se convirtieron en los antecesores de la humanidad.

Comentario

Un aspecto curioso de las cosmogonías chinas, es que en ellas el mundo nace y se puebla a partir de un organismo humano (aunque lo encarne un dios), cuando en la mayor parte de los mitos la creación del mundo es siempre anterior al ser humano. Esa inversión temporal crea una especial integración entre el

individuo y el Universo, en la medida en que ambos pertenecen a una misma substancia.

En cuanto al «huevo cósmico» que estalla para liberar la fuerza creadora del Universo, parece una sorprendente premonición de la minúscula «singularidad» que según la astrofísica actual estalló en el Big Bang.

El Señor de las pulgas

En otras en otras versiones del mito P'an Ku es descrito como un gigante que nació como un enanito dentro del primitivo huevo cósmico. P'an Ku creció diez pies por día y empujó la cáscara del huevo cada día un poco más. La parte superior del huevo formó los Cielos (Yang) y la parte inferior formó la Tierra. Entonces, transcurridos 13.000 años, P'an-Ku estalló. Sus ojos se convirtieron en el sol y la luna (en coincidencia con otras versiones), su cabeza se transformó en las cuatro montañas sagradas, su sangre dio lugar a los mares y los ríos; de su pelo se formaron los campos y los árboles; su aliento se transformó en el viento, su sudor en la lluvia y su voz en el trueno. Las pulgas que vivían en su cuerpo fueron las antecesoras de los seres humanos. Encontramos una variante de este mito que nos relata que P'an-Ku se formó a partir de los cinco elementos, y que él creó la Tierra y el Cielo con un cincel y un martillo. La tradición taoísta suele representar a P'an-Ku como un ser primitivo velludo que lleva un gran martillo con el cual rompe la roca primigenia.

La diosa de la falda de serpientes

Mito azteca

El mito de la diosa Coatlique, resulta fundamental para comprender la concepción del cosmos de los aztecas. Aunque no se trata estrictamente de una cosmogonía, sí contiene temas y elementos que nos ayudan a entender la visión azteca del mundo. Coatlique, cuyo nombre significa «La diosa de la falda de serpientes», era la diosa Tierra, dueña de la vida y la muerte en la mitología azteca. Se representaba como una mujer extravagante, con los senos flácidos y afiladas garras en pies y manos, vistiendo una falda de serpientes vivas y con un collar formado por los corazones de las víctimas de los sacrificios que exigía a sus fieles.

Según cuenta la leyenda, Coatlique fue fecundada en primer lugar por un cuchillo de obsidiana y, a raíz de este embarazo nació la diosa Coyolxanuhqui, identificada con la Luna y conocida con el nombre de «Campana Dorada»; la acompañaba un grupo de 400 de deidades que ascendieron al cielo y se convirtieron en estrellas. Además esta Diosa-Luna tenía poderes mágicos con los que podía provocar importantes daños.

Después Coatlique volvió a quedar embarazada por una bola de plumas. Encontramos distintas versiones sobre el encuentro de Coatlique con esta bola. Según una de las interpretaciones, la diosa la encontró mientras estaba en su templo y la bola tocó su pecho. En otras versiones, Coatlique recogió la bola de plumas y la guardó en su pecho; más tarde cuando fue a buscarla, ya no la encontró y, al mismo tiempo, se percató de que había quedado nuevamente embarazada. Coatlique se dispuso entonces a contar a su prole lo sucedido, pero ese misterioso embarazo ofendió a sus hijos, que consideraron la historia de su madre del todo increíble. Según marcaba la tradición, una diosa únicamente podía dar a luz en una sola ocasión; esa ocasión en la que daba vida a la auténtica y original descendencia divina y nunca más. Así Coyolxanuhqui y sus hermanos consideraron aquel embarazo como un ultraje y, encabezados por Coyolxanuhqui, decidieron matar a su propia madre. Durante el embarazo Coyolxanuhqui decapitó a Coatlique, ayudada por sus hermanos.

Sin embargo, de forma inmediata el feroz dios Huitzilopochtli, que se encontraba en el vientre de Coatlique, apareció armado y con ayuda de una serpiente de fuego, asesinó a muchos de sus hermanos y hermanas. Los cuerpos de los hermanos se transformaron en estrellas. Mientras que Huitzilopochtli en un ataque de furia decapitó a Coyolxanuhqui y lanzo su cabeza al cielo, donde se convirtió en la Luna; y arrojó el cuerpo a una profunda garganta en una montaña, donde yace para siempre.

Comentario

Como podemos apreciar, en los mitos aztecas hay algunos elementos comunes con otros relatos cosmogónicos que enlazan el sistema de creencias mexicas con otras culturas alejadas de la civilización azteca. En primer lugar, la construcción y ordenación del mundo en varias fases es una característica común en muchas cosmogonías, por ejemplo el mito chino del «huevo cósmico», sin embargo resulta novedosa la concepción azteca de que han existido cuatro creaciones, cuatro mundos anteriores al nuestro, que finalizaron catastróficamente.

Por otro lado, la intervención divina es un elemento fundamental para explicar el origen y el orden del mundo, como sucede en otras muchas cosmogonías (la bíblica o la griega, por ejemplo), ya que sin esa acción divina el Universo no existiría. En el caso azteca es el sacrificio de varios dioses lo que permite la formación de nuestro mundo.

El sacrificio de un dios, o dioses, para la creación del mundo es un tema que encontramos, por ejemplo en la mitología china (dios P'an-Ku).

Otro aspecto que el mito azteca tiene en común con otros relatos cosmogónicos, es la aparición del ser humano en una de esas fases, también por obra de un dios, que en el mito mexica es Quetzalcoatl. Tampoco debemos olvidar el tema del conflicto entre varias generaciones de dioses o entre distintos dioses, tan importante en las teogonías griegas, donde Urano es derrotado por su hijo Crono y Crono, a su vez, es vencido por Zeus.

En la cosmogonía azteca este conflicto está representado por el mito de Coatlique, que es decapitada por su propia hija Coyolxanuhqui, la Luna, quien será igualmente decapitada por su hermano Huitzilopochtli, el dios Sol. Finalmente, también podemos apuntar otro elemento frecuente en otras teogonías: la fecundación espontánea, sin unión sexual por la cual la diosa Coatlique quedó embarazada, primero por un cuchillo y luego por una bola de plumas.

Dos mitos precolombinos

Es sabido que desde muchos siglos antes de su descubrimiento, existían en América numerosas culturas nativas dispersas por todo el continente. Desde las avanzadas civilizaciones de los aztecas y mayas de Mesoamérica o la de los incas en Perú y Bolivia, hasta tribus primitivas que vivían en estado semisalvaje.

Tanto unas como otras elaboraron mitos y leyendas para explicarse el origen del mundo y de la vida, así como el enigma de los astros y del Universo. Veamos dos ejemplos de culturas de muy diverso nivel de desarrollo, que permiten apreciar las diferencias y sobre todo las semejanzas entre sus imaginarios míticos.

La creación maya

Popol Vuh*

Todo estaba en suspenso, todo en calma, en silencio; todo inmóvil, callado y vacía la extensión del cielo. No había todavía un hombre, ni un animal, pájaros, peces, cangrejos, árboles, piedras, cuevas, barrancas, hierbas ni bosques: solo el cielo existía.

No se manifestaba la faz de la tierra. Solo estaba el mar en calma y el cielo en toda su extensión. No había nada que estuviera en pie; solo el agua en reposo, el mar apacible, quieto y tranquilo. No había nada dotado de existencia, solo había inmovilidad y silencio en la obscuridad, en la noche.

Solo el creador, el formador, Tepeu, Gucumatz, los progenitores estaban en el agua rodeados de claridad. Estaban ocultos bajo plumas verdes y azules, por eso se les llama Gucumatz. De grandes sabios, de grandes pensadores es su naturaleza. De esta manera existía el cielo y también el Corazón del Cielo, que este es el nombre de Dios y así es como se llama. Llegó entonces la palabra, vinieron juntos Tepeu y Gucumatz, en la obscuridad, en la noche y hablaron entre sí. Hablaron, pues, consultando y meditando; se pusieron de acuerdo, juntaron sus palabras y su pensamiento. Entonces se manifestó con claridad, mientras meditaban, que cuando amaneciera debía aparecer el hombre.

Entonces dispusieron la creación, con el crecimiento de los árboles y los bejucos; y el nacimiento de la vida y la creación del hombre. Se dispuso así en las tinieblas y en la noche por el Corazón del Cielo, que se llama Huracán.

* *El Popol Vuh* o *Las antiguas Historias del Quiché*, es el libro sagrado de los indios quichés que habitan en el norte de Guatemala. En él se explica el origen del mundo y de los indios mayas. También relata la historia de todos los soberanos de ese pueblo.

El creador entristecido

Leyenda mapuche

Al principio solo existían dos cosas: Kóoch, que siempre estuvo, y una oscuridad absoluta que no dejaba que las cosas existiesen. Tanto tiempo pasó Kóoch en medio de las sombras y su soledad era tan grande que empezó a llorar por tan enorme pena. Y lloró tanto y tan sinceramente por su profundo dolor que sus lágrimas formaron el Arrok, el Mar Amargo de las tormentas y las tristezas.

Más tarde, aún en medio de tanta pena, pudo advertir cómo crecía la enorme cantidad de agua que había llorado y entonces suspiró. Así creó a Xóchem, el viento, que inmediatamente comenzó a correr arrastrando a las tinieblas y preparando el camino para la llegada de la luz. Así fue como todo se iluminó y nació la alegría en Kóoch. Entonces tuvo ganas de seguir creando los restantes elementos que le permitieron luego modelar el mundo en el que finalmente vivirían los hombres.

Un día, en medio del mar que sus lágrimas habían creado, Kóoch quiso contemplar su obra y vio que la luz no era suficiente. Enojado, levantó su brazo y rasgó, de lado a lado, el velo de la penumbra y encendió así una gran chispa de fuego: Kóoch había creado el sol al que llamó Xaleshem cuya calidez, al entrar en contacto con las aguas, creó las nubes y el viento, que empezó a jugar con ellas moviéndolas por todo el cielo, con su risa alocada creó el trueno (Katrú) y ellas, que lo amenazaban con la mirada, crearon el relámpago (Lüfke).

Un día Kóoch volvió a aburrirse, por eso pensó que su obra no estaba todavía terminada. Entonces hizo elevar parte de la Tierra que se encontraba debajo del mar y formó una isla en la cual modeló montañas y llanuras separadas por valles y cañadas. Todas sus obras, el Sol, el viento, las nubes, admiraron la belleza de la isla y comenzaron a derramar sus bondades sobre ella, lo cual dio como resultado la formación de las plantas, los árboles y las aves, junto a ríos, arroyos, y lagos, donde surgieron los peces.

Pero sucedió que los primeros hijos de Kóoch sentían celos de esta nueva creación y en ocasiones desataban su furia sobre la isla, castigando duramente a la vegetación y a los habitantes. Entonces Kóoch decidió reprenderlos hablándoles con firmeza y así la luz continuó brillando para el deleite de la creación.

Comentario

A pesar de la gran diferencia en su desarrollo cultural, las cosmogonías de ambos pueblos precolombinos no parecen diferenciarse demasiado. Los dos mitos describen el silencioso vacío anterior a la creación, prefigurando la famosa pregunta de los creacionistas: «¿Y qué había antes del Big Bang? ». El dios mapuche está solo y triste mientras las deidades mayas forman una especie de equipo constructor, expresando las dos formas divinas elementales: el politeísmo, que en el mito maya incluye al creador, el formador, Tepeu, Gucumatz, y los progenitores; y el monoteísmo que venera al melancólico Kóoch, «que siempre estuvo» y solo se alegra cuando crea el Universo, rompiendo la monotonía de su eternidad.

Malina y Anningan

Leyenda inuit (Groenlandia)

Según cuenta la leyenda, las deidades gemelas Malina y Anningan solían vivir y jugar juntos desde la infancia. Pero una vez adultos, las cosas cambiaron. Una noche, mientras jugaban en la oscuridad, tal y como solían hacer de pequeños, Anningan violó a su hermana. Malina forcejeó y durante la lucha volcó una lámpara de aceite de foca, ensuciando sus manos con la espesa grasa negra. Cuando la diosa intentó en vano apartar a Anningan de su lado, ennegreció la cara de su hermano con sus manos sucias y grasientas. Malina siguió huyendo y corrió tanto como pudo hacia el cielo, donde se convirtió en el Sol. Anningan, no mostrando ningún remordimiento por su crimen, siguió sintiéndose atraído por su hermana y continuó persiguiéndola hasta el cielo, donde para alcanzarla se transformó en la Luna. Esta persecución eterna entre los dos hermanos explica que cada día, el Sol sea sustituido por la Luna en el firmamento. Pero de vez en cuando el dios de la Luna alcanza a la diosa del Sol y la viola otra vez, causando un eclipse solar.

Anningan piensa tanto en su hermana, que a menudo se olvida de comer. Por lo tanto, a medida que transcurren los días, se le ve más delgado, más fino debido a la falta de alimento. Una vez al mes, la Luna desaparece durante tres días, momento en el cual el dios Anningan puede descansar y alimentarse. Pero transcurridos estos tres días, el dios siempre vuelve para perseguir a su hermana. Así, es cómo la gente inuit explica tanto las fases de la luna, como la aparición de esta y del Sol en el cielo cada día.

Comentario

Este relato mítico astral supone un homenaje implícito a la fuerza de la Ley de Atracción. El cielo está ocupado por dos niños dioses gemelos de distinto sexo, Malina y Anningan. Muy unidos comparten sus juegos mientras van creciendo según su semejanza con los seres humanos. Cuando el varón se desarrolla sexualmente, su atracción fraterna se manifiesta como deseo sexual, tan intenso que lo lleva a violar a su propia hermana.

Se establece así una típica historia de persecución amatoria, aunque en este caso no la impulsa el amor, sino el odio. Malina huye de Annigan, y así es ella la que establece y mantiene la ronda persecutoria, que es la que sostiene la relación entre ambos. El nocturnal Annigan aún hoy persigue a Melina, pero se resigna a alternarse con ella en el dominio del cielo.

Guerra sexual en el cielo

Los esquimales inuit encuentran en el mito de Malina y Annigan una explicación para varios fenómenos celestes. La cíclica consunción y recuperación de Annigan explica las fases de la Luna. La persecución implacable da cuenta de la aparición del Sol y de la Luna cada día en el cielo; y hasta los eclipses de ambos astros representan periódicos encuentros.

En el eclipse de Sol, Annigan ha alcanzado a Malina, y en el de Luna ese ella la que va a su encuentro. Además, esta leyenda sugiere que, del mismo modo que el Sol y la Luna se odian, los sexos opuestos deben odiarse. Debido a esto, durante un eclipse solar los hombres no deben salir de sus casas si no quieren enfermar. Por su parte las mujeres no deben abandonar sus casas durante un eclipse lunar. Los inuit creen que las enfermedades son enviadas por Malina y Anningan sobre aquellos que los ofenden. Además, cuando un hombre muere o una muchacha nace, el esquimal cree que hay un anillo alrededor de la Luna que expresa la pena del dios lunar Anningan. La diosa del Sol expresa su felicidad para los mismos acontecimientos, apareciendo dos veces en parhelio*.

La serpiente cósmica

Numerosos mitos tradicionales están referidos a la serpiente, a menudo como símbolo del mal o la tentación diabólica, como en el Génesis, pero también se la presenta como ente creador o como agente de todo el poder del Universo. Por ejemplo, en la cultura yoga la serpiente Kundalini es un misterioso poder que reside en el ser humano y debe unirse al dios Shiva en el chakra coronario o sahasrara, situado en la parte superior de la cabeza. La serpiente yace dormida en el chakra muladhara, situado en la base de la columna vertebral, y el practicante debe despertarla y guiarla gradualmente hacia el sahasrara por medio de ejercicios de creciente dificultad. Al culminar ese recorrido el sujeto se incorpora a la divinidad, y participa de la fuerza del Universo.

Otro ofidio simbólico muy conocido es Quetzacoatl, la «serpiente emplumada» de la mitología maya, azteca y de otras culturas mesoamericanas. Sus cualidades eran complejas y presentaba diversas variantes. En la mayoría se la consideraba como el ser que conducía a los humanos por diferentes sitios del cosmos y como ordenadora del tiempo y del calendario. Asimismo se la relacionaba con los orígenes y los destinos, la luz y los colores, la legitimidad y el poder. Como dueña de los reflejos iridiscentes, estaba directamente relacionada con el rayo y el fuego, como fuerza creadora del mundo y de la vida.

* El fenómeno del «Parhelion» es una ilusión óptica causada por ciertas condiciones atmosféricas, que hace ver dos o más soles.

La serpiente emplumada

Mito mesoamericano

Cuenta la leyenda que sobre las serenas aguas de la laguna de Asososca, emergían cuatro hileras de rocas sobre las cuales descansaba la techumbre de un templo maravilloso. Súbditos de Nagrandano y Nequecheri, precedidos por los ancianos padres de las tribus, llegaban hasta el templo en frágiles canoas para venerar al dios supremo, depositando al pie del altar sus ofrendas de oro, plata y piedras preciosas.

Cuidaba el templo un viejo guerrero, a quien todos respetaban como una divinidad. Vencedor de cien combates gloriosos, tenía un físico musculoso, llevaba el pecho poblado de tatuajes y su arrugada piel marcada con cicatrices.

Una tarde, la princesa Izayana, hija del cacique Nequecheri, llegó a la orilla de la laguna perfumada con flores de la campiña. Pretendía entrar al templo acompañada por unos conquistadores españoles, creyendo que éstos eran los hijos del Sol.

El fiero guardián no aceptó el engaño del que había sido víctima Izayana y consideró una traición su trato con los hombres blancos. Contrajo terriblemente las facciones, una intensa cólera brilló en sus ojos, y levantando su cuchillo de obsidiana sobre la princesa, le dio muerte. Los conquistadores, que solo querían apoderarse del tesoro, dispararon sus mosquetes hiriéndole.

Dice la leyenda que el guerrero herido se arrastró dentro del templo como una serpiente, y que al tocar no se sabe qué mecanismo secreto, el templo del dios se hundió para siempre con sus tesoros en las profundas aguas de Asososca. Desde entonces, convertido en la serpiente emplumada, Quetzacoatl sigue protegiendo el tesoro sagrado en el fondo de la misteriosa laguna.

La serpiente que sostiene el mundo

Cosmogonía africana

El pueblo Fon, del África occidental, cuenta que la serpiente cósmica, Aida-Hwedo, fue creada al principio de los tiempos por un dios andrógino con dos caras: Mawu, la Luna, (femenina), y Lisa, el Sol, (masculino).

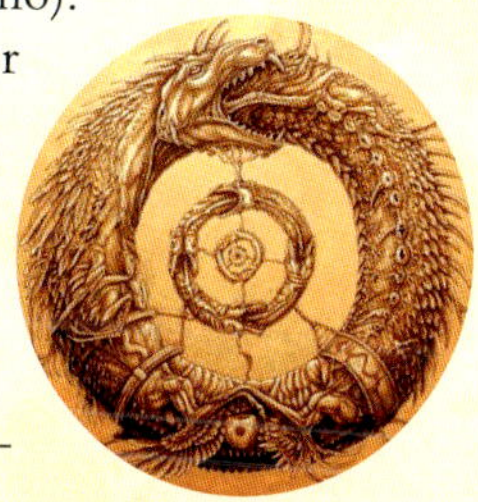

Aido-Hwedo participó en la creación al llevar al creador en su boca mientras se formaba el mundo. Cuando terminó su obra, el creador vio que el planeta soportaba un peso excesivo: demasiados árboles, demasiadas montañas, demasiados elefantes, demasiado de todo.

Entonces le pidió a Aido-Hwedo que se colocase enroscada por debajo de la sobrecargada Tierra, para po-

der sostenerla como si fuese un cojín. Como a Aido-Hwedo no le gustaba el calor, el creador hizo el océano para que ella viviera en él. Dada la gran presión del peso que soportaba sobre sí, Aido-Hwedo tenía que cambiar de postura para descansar, con lo que provocaba violentos terremotos.

Una variante del mito del pueblo Fon narra que Aido-Hwedo se alimentaba de barras de hierro, forjadas por unos monos rojos que viven bajo el mar. Cuando el hierro se agotó, la serpiente calmó su hambre comiéndose su propia cola. La Tierra, se desequilibró con toda su carga, y cayó al mar. Entonces surgió una segunda Aido-Hwedo, la serpiente del arco iris, que vive en el Cielo y envía a la Tierra los rayos revivificadores de los dioses.

La serpiente arco iris

Mitología australiana

Uno de los mitos de creación más extendidos y conocidos entre los aborígenes australianos es el de la «Madre serpiente», también llamada «serpiente arco iris», en curiosa coincidencia con el mito africano. Esta divinidad ancestral es la encarnación de la fertilidad, tiene poder para dar vida, y es asimismo la diosa de la lluvia.

Según cuenta la leyenda, al principio la Tierra era un espacio vacío y llano, en cuyo centro subterráneo descansaba la gran Madre serpiente, que permaneció en un profundo sueño durante muchísimo tiempo. Repentinamente se despertó y reptó por el interior de la Tierra hasta llegar a la desierta superficie. Comenzó a recorrer la Tierra y, a medida que avanzaba, tal era su poder, que provocó una gran lluvia, formándose lagos, ríos y pozos de agua. Cada sitio que visitó lo nutrió con la leche de sus pechos rebosantes, haciéndolo fértil. Una frondosa vegetación creció en la Tierra antes yerma. Grandes árboles con frutos de muchos colores y formas brotaron de la tierra.

La diosa introdujo su nariz en el suelo, levantando cadenas montañosas y abriendo profundos valles, mientras que otras partes las dejó lisas y desiertas. Entonces la Madre serpiente despertó a los animales, a los reptiles y a los pájaros que poblaron por vez primera la Tierra, y finalmente creó a los peces. Por último, según cuenta la leyenda, la diosa extrajo de las entrañas de la propia Tierra a la última de las criaturas, el ser humano. De la Madre serpiente los seres humanos aprendieron a vivir en paz y armonía con todas las criaturas de la creación, ya que eran sus hermanas espirituales. Además, la diosa enseñó al hombre la vida tribal a compartir y tomar de la Tierra solamente aquellos bienes que necesitara, respetando y honrando a la naturaleza.

Según esta leyenda, gracias a la diosa serpiente hombres y mujeres aprendieron a convivir como hermanos con la naturaleza y también aprendieron que cada elemento había sido creado por la diosa en equilibrio con los demás. El ser humano entendió que su papel era el de guardián y protector de ese equilibrio, y que debía transmitir este cometido de generación en generación. Antes de desaparecer, la Madre serpiente advirtió que si alguno abusaba de los frutos o mataba animales por placer o por gula, encontraría al culpable y lo castigaría.

El Tiempo del Sueño

En algunas variantes de este mito, la Madre serpiente, llamada «Madre Eingana» vivía, y aún vive, en el «Tiempo del Sueño», de donde regresa en algunas ocasiones para crear más vida. Según esta versión, la serpiente primigenia, que carecía de vagina, se sentía torturada por su embarazo, por lo cual empezó a girar y a revolverse. El dios Barraiya, que la vio, la pinchó cerca del ano para que pudiese dar a luz y todas las criaturas que llevaba en su vientre pudiesen nacer. Del mismo modo es considerada como la «Madre Muerte» y según este mito, la diosa Eingana tiene un nervio conectado o atado a cada una de sus criaturas, y cuando lo suelta esa vida se detiene. Siguiendo este planteamiento, si esta diosa muriese, todo dejaría de existir.

El sol rojo

Leyenda guaraní

Había una vez un joven aguerrido y valiente llamado Igtá (hábil nadador), que amaba a Picazú (paloma torcaz), la más buena y hermosa de las muchachas de su tribu, y quería casarse con ella. Los padres de Picazú consintieron en que se realizase tal boda; pero para ello era necesaria la aprobación de la Luna, por lo que llamaron al Tuyá o adivino para que la consultara. Era una noche plácida y serena. La luz blanca, clara, brillante y hermosa de la Luna iluminaba los campos y las tolderías de los indios. Y el Tuyá interpretó:

—Esa luz que nos envía la Luna significa que ella aprueba satisfecha la boda de Igtá y Picazú.

Entonces, el jefe de la tribu ordenó a Igtá que demostrase a todos que en verdad era digno y merecedor de tomar compañera. Para ello debía arrojarse a las aguas de la laguna y nadar durante largo rato. Después, ir en busca de un gran número de presas de caza. Igtá, que era excelente nadador y había cazado mucho desde su niñez, realizó las pruebas con el mayor éxito, pues nadó y trajo de la selva abundante caza.

Las ceremonias de la boda se realizaron por la noche, después de tres lunas. Se encendió una gran hoguera, a cuyo alrededor todos comían, bebían, bailaban y gritaban, festejando tan grande acontecimiento. Pero algo faltaba para que Igtá y Picazú fueran felices: tener la seguridad de que Tupá, su dios bueno, había aprobado también la boda. ¡Cuál no sería su pena y desconsuelo, cuando llegada la noche siguiente comenzó a caer una copiosa lluvia! Eran las lágrimas de Tupá que caían sobre la tribu para manifestar el descontento y desaprobación del dios por la unión de los jóvenes.

Igtá y Picazú no podían, pues, continuar unidos perteneciendo a la tribu. Debían huir y arrojarse a las aguas de la laguna. Allí había una isla donde moraban todas las parejas que se habían casado contrariando la voluntad de Tupá. Los dos debían ir a esa isla para no volver jamás. Al día siguiente cesó la lluvia. Y por la tarde, a la hora en que el sol iba a ocultarse en el ocaso, Igtá y Picazú se arrojaron al agua y comenzaron a nadar. Los miembros de su tribu se habían reunido a orillas de la laguna. Al verlos alejarse lentamente, los injuriaban y maldecían para aplacar el enfado de Tupá y evitar sus castigos. Igtá, hábil nadador, consiguió avanzar un buen trecho, ayudando también a su infortunada compañera. Poco les faltaba para llegar sanos y salvos a la isla, cuando una nueva desgracia cayó sobre ellos: Ñuatí, un guerrero malvado de la tribu, les arrojó una flecha. Todos los indios lo imitaron, y entonces fue una lluvia de flechas la que cayó sobre Picazú e Igtá, quienes, heridos quizás por ellas, desaparecieron de la superficie de las aguas.

En ese preciso instante el sol, que se hundía en el horizonte tomó un intenso color rojo, y su luz tiñó la laguna y enrojeció los campos y el cielo.

Esto llenó de asombro a los indios que, atemorizados, huyeron velozmente, alejándose de la laguna. Mientras tanto Igtá y Picazú, ayudados sin duda por un Tupá arrepentido, lograban salvarse y llegar a la isla, donde podrían al fin vivir felices.

La leyenda del maíz

Mitología choktaw

Hace muchas lunas, dos cazadores choctaw acamparon para pasar la noche en los pantanos de la curva del río Alabama. Como no habían tenido éxito en la caza, esa noche se encontraron sin nada con que satisfacer su hambre, salvo un gavilán negro que habían abatido con una flecha. Resignados, pusieron a asar

el ave en la pequeña hoguera que habían encendido. Cuando el gavilán estuvo bien dorado, se dispusieron a compartir esa pobre y escasa cena. En ese momento llamó su atención un sonido sombrío de distintos tonos bajos. Eran suaves y lastimeras notas melancólicas como el arrullo de la paloma, pero producidas por algo que no pudieron siquiera conjeturar.

Esas ahogadas notas de dolor rompían en diferentes intervalos el profundo silencio de la noche, y cuando la luna llena subió al cielo lentamente los extraños sonidos se hicieron más frecuentes y distintos. Con los ojos dilatados de asombro y ansiedad en el corazón, los cazadores miraron río arriba y río abajo para saber de dónde procedía el sonido, pero solo vieron las orillas de arena que brillaban a la luz de la luna. Las oscuras aguas del río parecían murmurar solo para dar respuesta a las extrañas notas que seguían flotando en el aire de la noche, sin que los cazadores pudieran localizar desde dónde se emitían. Entonces se volvieron en dirección opuesta a la luna, y vieron sorprendidos a una joven de maravillosa belleza de pie sobre un montículo a unos cuantos pasos de distancia. Había aparecido de pronto en medio de la selva, igual que una sombra bajo un súbito rayo de luna. Llevaba un ligero vestido blanco como la nieve, entre cuyos pliegues sostenía una flauta de caña y una corona de flores fragantes. El halo de luz lunar le daba apariencia sobrenatural. Hizo señas a los cazadores de que se acercaran.

Ellos susurraron entre sí que debía tratarse de Ohoyo Chishba Osh, la hija del Gran Espíritu de los choktaw*, y que las flores que llevaba representaban a los seres queridos que habían pasado a florecer en el Reino del Espíritu. Se acercaron con lentos pasos respetuosos al lugar donde estaba la joven, y postrándose ante ella le ofrecieron su ayuda en todo lo que podía estar a su servicio.

*Los choktaw son una tribu «piel roja» original del sur del Missisipi. Actualmente viven en tres reservas indígenas, que totalizan unos 10.000 individuos.

Ella respondió con dulce voz que se había extraviado y que tenía mucha hambre. Uno de los cazadores corrió como un rayo hasta la hoguera, volvió con el gavilán asado y se lo entregó a la joven.

Ella lo aceptó agradecida, pero después de probar una pequeña porción del ave, les devolvió el resto a los cazadores. Luego les dijo que recordaría su bondad cuando regresara a su hogar en los felices cotos de caza de su padre, que efectivamente era Shilup Chitoh Osh, el Gran Espíritu de los choctaw. También les comentó que cuando la luna llena brillara a mediados del próximo verano, debían reunirse nuevamente con ella en el montículo en que se encontraba, antes de desaparecer. Los dos cazadores volvieron a su campamento a pasar la noche y a la mañana siguiente temprano regresaron a sus hogares. Pero mantuvieron en un absoluto secreto el extraño incidente.

Cuando llegó la mitad del verano, una noche de luna llena los dos cazadores se dirigieron expectantes al pie del montículo. Pero Ohoyo Chishba Osh no aparecía por ningún lado. Entonces recordaron que ella les había dicho que debían volver al mismo sitio donde estaba entonces de pie. Treparon veloces a lo alto del montículo esperando encontrarla, pero Ohoyo Chishba Osh tampoco estaba allí.

El lugar se hallaba cubierto por unas extrañas plantas, cuyo fruto de granos dorados les proporcionó una excelente comida. Le dieron el nombre de «tunchi» (maíz) y enseguida la tribu comenzó a cultivarlo en sus plantaciones. Desde entonces los choctaw nunca pasaron hambre.

Comentario

Es una bella leyenda con nos habla de una bella joven misteriosa que entrega un don esencial a un pueblo o a un héroe. Quizá su arquetipo occidental más parecido sea la Dama del Lago que entrega al futuro rey Arturo la espada mágica Excalibur, en una escena que tiene concomitancias con la leyenda choktaw que estamos comentando. La existencia de historias similares en mitologías tan distantes como la griega, la escandinava o la japonesa, sugiere el antecedente de un mito universal que las inspiró.

Los mitos universales suelen reflejar hechos muy antiguos y posiblemente reales que no pudo comprobar la historia (el Diluvio, la Atlántida, la destrucción de Sodoma y Gomorra) o también conocimientos ancestrales que por alguna razón permanecieron ocultos. Esta última opción podría incluir La leyenda del maíz y todas sus semejantes, en tanto remiten a que el Universo, a través de deidades u otros agentes, puede concedernos dones que necesitamos para cambiar y mejorar nuestro destino.

Limay y Neuquén

Leyenda patagónica

El río Limay tiene su origen en el lago Nahuel Huapi, en la Patagonia occidental y a pocos kilómetros de la ciudad de San Carlos de Bariloche. En su curso hacia el noroeste y luego de recorrer 380 km, arriba a la confluencia donde se une al río Neuquén para formar juntos el río Negro, que va desaguar en el océano Atlántico.

La leyenda cuenta que Limay y Neuquén eran dos amigos inseparables, hijos de caciques que tenían sus tolderías muy próximas. Un día que salieron juntos de cacería andaban detrás de un guanaco, cuando oyeron una dulce voz que provenía del Huechulauquén (Lago Alto). Subieron hasta la orilla y vieron entre los juncos a una joven, tan bella y hermosa que ambos amigos se enamoraron en el acto de sus largos cabellos morenos y sus expresivos ojos.

Limay fue quien se atrevió a preguntarle a la joven como se llamaba y así supieron que su nombre era Raihué, palabra mapuche que significa «capullo en flor».

El amor apasionado por la hermosa muchacha comenzó a distanciar a los dos amigos, incluso hasta el punto que sus padres lo advirtieron. Entonces los dos caciques intentaron buscar una solución y fueron a ir a pedirle consejo a la machi*. La consejera les explicó el porqué del distanciamiento entre sus hijos, y les aconsejó que pusieran a prueba a los jóvenes.

Siguiendo esta sugerencia, los caciques le preguntaron a Raihué qué es lo que más le gustaría tener. Y la joven dijo que deseaba una caracola marina, para escuchar el rumor de las olas al acercarla a su oído. Entonces los caciques

*Entre los mapuches, el nombre machi se asigna a la persona que tiene la función de autoridad religiosa, consejera y protectora de la tribu.

pensaron que el deseo era justo y decidieron que el primero de los jóvenes que llegara al mar y consiguiera aquel regalo, sería el que se casaría con la muchacha. De esta forma, se pondría fin a la disputa.

Siguiendo el consejo de los dioses, la machi convirtió a los jóvenes en dos ríos de manera que, cada uno desde su toldería, pudieran alcanzar el mar tras un largo y arduo viaje. Y todo hubiera resultado de acuerdo con lo planeado si no fuera porque Cüref, el viento, se sintió ofendido por no haber sido consultado. Entonces, tomando revancha, susurró al oído de la muchacha que las estrellas que seducen a los jóvenes esclavizarían a Neuquén y a Limay de tal modo que nunca más volvería a saber de ellos.

Poco a poco, el corazón de Raihué se fue marchitando de angustia y de dolor ante estos mensajes insinuantes. Y así fue pasando el tiempo y como ninguno de sus enamorados regresaba, se dirigió a la orilla del Lago Alto donde todo había comenzado e invocó a Nguenechén, el dios todopoderoso, para ofrecerle su vida a cambio de la salvación de los jóvenes. El dios le concedió el deseo y la convirtió en una hermosa planta de frutos dulces y flores pulposas: el michay.

Cüref, el viento, aún no satisfecho, decidió contarles a los jóvenes lo que había sucedido con la muchacha. Entonces sopló con gran fuerza, para desviar el curso fluvial, a fin de darles la noticia a los dos juntos. Y cuando Limay y Neuquén se enteraron de que Raihué había muerto, se abrazaron para consolarse mutuamente y unieron sus aguas para siempre. Los dos en uno fluyeron rumbo al mar, vestidos de luto y dando origen al oscuro río Negro.

Comentario

Nuevamente aparece en esta leyenda la joven misteriosa cuyas melodías fascinan a unos cazadores. Pero aquí la bella muchacha no entrega dones del cielo a sus admiradores, sino que el don es ella misma, su dulzura y su belleza. Puede asimismo entenderse que la unión de los dos jóvenes cazadores en un solo río, es resultado de una variante de la Ley de Atracción.

Yhi, la diosa creadora

Mito karraur (Australia)

En la mitología de los karraur, Yhi es una divinidad de primer orden, ya que es la diosa creadora. Según cuenta una leyenda de estos aborígenes australianos, antes de la creación de nuestro mundo la diosa permanecía dormida en el «Tiempo del Sueño» (otra sorprendente coincidencia con el mito anterior), en un lugar sereno entre montañas apacibles. Un susurro repentino despertó a la diosa, que dio un gran bostezo y abrió los ojos, inundando al mundo con una nueva luz. Yhi descendió a esta Tierra iluminada por su luz, recorriéndola de este a oeste y de norte a sur. A medida que la diosa caminaba, las plantas brotaban bajo sus pies y no descansó hasta que hubo recorrido cada centímetro de tierra y todo quedó cubierto por un manto verde. Cuando terminó Yhi fue a descansar y, mientras contemplaba su reciente creación, se percató de que las plantas no se movían y bajó para solucionarlo.

Con la idea de crear estas nuevas criaturas, la diosa descendió a la Tierra y tuvo que enfrentarse a unos espíritus malignos que intentaron acabar con su vida. Pero Yhi, más poderosa y fuerte, derrotó a estos espíritus y su calidez se mezcló con la oscuridad, surgiendo unas diminutas formas de vida que empezaron a moverse por allí. Esas formas de vida se transformaron en danzarinas mariposas, juguetonas abejas y otros insectos que comenzaron a revolotear en torno a la diosa. Pero en este mundo luminoso y vivo, incluso había cuevas oscuras y heladas. La diosa esparció también su mágica luz sobre ellas y en el interior de las cuevas se formó agua. Pronto aparecieron nuevas criaturas: peces y lagartos. La diosa había derrotado definitivamente a la oscuridad y el nuevo mundo se llenó de pájaros y animales que poblaron la Tierra, llenándola de vida. Por otra parte, el mito de los karraur sirve para explicar la salida y la puesta del Sol. Cuando el mundo estuvo lleno de luz y de vida, Yhi les dijo a las criaturas que ella tenía que marcharse, bendiciéndolas con el cambio de las estaciones, y prometiéndoles que cuando muriesen se encontrarían con ella. Entonces, la diosa se transformó en una potente bola de luz y se alzó en el cielo, para desaparecer después en el horizonte. Todas las criaturas de la Tierra se asustaron porque a medida que Yhi desaparecía, la oscuridad llenaba la Tierra. Poco a poco, las criaturas fueron quedándose dormidas en la nueva oscuridad de la noche, para ir despertando lentamente ante la luz de un nuevo amanecer. Entonces supieron que Yhi nunca iba a abandonar totalmente su creación, y que tras retirarse al anochecer, volvería a aparecer por el este, día tras día.

Sin embargo, los animales empezaron a estar descontentos con sus formas y atributos. Tal como eran se sentían infelices, y pidieron a la diosa que satisficiese sus deseos. Según cuenta la leyenda, Yhi descendió sobre la superficie terrestre y preguntó a las criaturas qué necesitaban: el murciélago quería alas, la foca quería nadar..., y así todos los demás. Pero Yhi les advirtió que solo cumpliría sus deseos esta vez. Fue así como, de los seres ancestrales con formas bellas de la anterior creación, surgieron las extrañas criaturas que hoy pueblan la Tierra.

La flor de la mujer

Los karraur también le atribuyen a esta diosa la creación del hombre y de la mujer. Yhi había creado primero al hombre, que rodeado de plantas y animales, vagaba por la Tierra y se sentía solo ya que ni bestias ni vegetales se parecían a él. Una mañana la diosa se acercó a él, mientras descansaba cerca de un árbol y tenía insólitos sueños. A medida que se despertaba vio la flor del árbol brillando a la luz del sol. Atónito el hombre pudo contemplar el auténtico poder de Yhi actuando sobre el tallo de la resplandeciente flor. Repentinamente el tallo empezó a moverse y tomó aliento. De improviso, la flor mudó de forma y se convirtió en una mujer, que emergió pausadamente desde la luz. Así apareció la primera mujer de la creación.

Comentario

Después de aproximarnos a estos relatos legendarios, ligados a la creación y ordenación del mundo según la mitología aborigen australiana, podemos apuntar una serie de rasgos comunes entre tanta diversidad. En primer lugar, en la mayoría de los casos, la creación tiene lugar en un período mítico llamado «Tiempo del Sueño», en el que habitan los espíritus ancestrales encargados de la creación. En segundo lugar, en estos mitos, ya sea el de Baiame o el de Yhi, el dios protagonista es el autor de toda la creación: Tierra, animales y personas. Es decir: da forma a la Tierra, la llena de vida vegetal y animal, y crea al ser humano. Por otro lado, puede observarse otro rasgo común a muchos de estos mitos: el desarrollo de la creación y ordenación del Mundo en distintas fases, más o menos marcadas según el relato. Así, en un primer momento la divinidad creadora da forma a la Tierra, levantando montañas, creando la lluvia y disponiendo lagos y ríos. Después da vida a los seres que pueblan la Tierra, también siguiendo un orden evidente: primero crea el manto vegetal de la Tierra, surgiendo espacios verdes con frondosos árboles, seguidamente da vida a los animales, después a los pájaros y finalmente a los peces. Por último crea al ser humano: primero al hombre y después a la mujer.

Debe señalarse un aspecto común en todos los relatos mitológicos, fundamental para comprender el modo de vida tradicional de los aborígenes australianos. En la mayoría de estos mitos se aprecia un contenido moral de vital importancia: el respeto y la vinculación con la naturaleza, que puede entenderse como su Universo del que todos forman parte. Al final de cada relato podemos apreciar que la divinidad creadora transmite al hombre una serie de conocimientos: el fuego, el uso de algunas herramientas (cuchillo, boomerang), normas de convivencia (matrimonio, educación de los hijos, modo de vida tribal, etc.). Entre el conjunto de conocimientos, se halla esa admiración por la naturaleza y la idea de que todos los seres son de igual importancia para el equilibrio natural, y que todos forman parte de una entidad superior. De estas enseñanzas se extrae el papel que debe cumplir el ser humano: honrar a la naturaleza y mantener su equilibrio mediante la práctica de rituales y la transmisión de esos conocimientos. Estos mitos y ritos garantizan el mantenimiento del orden establecido y permiten al aborigen australiano descubrir su lugar en el mundo.

Los dioses de la luz

Mitología patagónica

Antes de que los indios mapuches descubrieran cómo hacer fuego, vivían en grutas a las que llamaban «casas de piedra». Temerosos de las erupciones volcánicas y de los cataclismos, sus dioses y sus demonios eran luminosos. Entre éstos, el poderoso Cheruve. Cuando el dios se enojaba, llovían piedras y ríos de lava. A veces el propio Cheruve caía del cielo en forma de aerolito.

Los mapuches creían que sus antepasados revivían en la bóveda del cielo nocturno. Cada estrella era un antiguo abuelo iluminado que cazaba avestruces entre las galaxias. El Sol y la Luna daban vida a la Tierra como dioses buenos. Los llamaban Padre y Madre. Cada vez que aparecían en el cielo, los saludaban. La Luna, al recomenzar su ciclo cada veintiocho días, dividía el tiempo en meses.

Al no tener fuego devoraban sus alimentos crudos; para abrigarse cuando hacía frío se apiñaban en las noches con sus animales: perros salvajes y llamas que habían domesticado. Tenían horror a la oscuridad porque era signo de enfermedad y muerte. Se imaginaban cosas terribles.

En una de esas grutas vivía una familia: Caleu, el padre, Mallén, la madre y Licán, la hijita. Una noche Caleu se atrevió a mirar el cielo de sus antepasados y vio un signo nuevo y extraño en el poniente: una enorme estrella con una cabellera dorada. Preocupado, no dijo nada a su mujer y tampoco a los que vivían en las grutas cercanas.

Aquella luz celestial se parecía a la de los volcanes, ¿traería desgracias?, ¿quemaría los bosques? Aunque Caleu guardó silencio, no tardaron en verla los demás de la tribu. Hicieron reuniones para discutir qué podría significar el hermoso signo del cielo, y decidieron vigilar sus grutas por turnos.

El verano estaba llegando a su fin y las mujeres subieron una mañana muy temprano a buscar frutos de los bosques para tener comida en invierno. Mallén y su hijita Licán treparon también a la montaña.

—Traeremos piñones dorados y avellanas rojas —dijo Mallén.

—Traeremos raíces y pepinos del copihue —agregó Licán.

La niña se sentía feliz porque le gustaba ir al bosque con su madre.

—Vuelvan antes de que caiga la noche —les advirtió Caleu.

—Si nos sorprende la noche, nos refugiaremos en una gruta que hay allá arriba, en los bosques —lo tranquilizó Mallén.

Las mujeres llevaban canastos tejidos con enredaderas. Parecían una procesión de choroyes, conversando y riendo todo el camino. Allá arriba había gigantescas araucarias que dejaban caer lluvias de piñones. Y los avellanos lucían sus frutas redondas y pequeñas; rojas unas, violetas y oscuras otras, según iban madurando. No supieron cómo pasaron las horas. El sol empezó a bajar y cuando se dieron cuenta empezaba a oscurecer. Asustadas, se echaron los canastos a la espalda y tomaron a sus niños de la mano.

—¡Bajemos, bajemos! —se gritaban unas a otras.

—No tendremos tiempo —les advirtió Mallén—. Nos pillará la noche y en la oscuridad nos perderemos para siempre

—¿Qué haremos entonces? —preguntó la abuela Collalla, que no por ser la más vieja, era la más valiente.

—Yo sé dónde hay una gruta por aquí cerca, no tenga miedo, abuela —dijo Mallén.

Guió a las mujeres con sus niños por un sendero rocoso. Sin embargo, al llegar a la gruta, ya era de noche. Vieron en el cielo del poniente la gran estrella con su cola dorada. La abuela Collalla se asustó mucho:

—Esa estrella nos trae un mensaje de nuestros antepasados que viven en la bóveda del cielo —exclamó.

Licán se aferró a las faldas de su madre y lo mismo hicieron los demás niños.

—Vamos, entremos a la gruta, y dormiremos todas juntas para que se nos pase el miedo —dijo Mallén.

—Eso sería lo mejor, murmuró Collalla —temblorosa. Ella conocía viejas historias, había visto reventar volcanes, derrumbarse montañas, crecer inundaciones, y quemarse bosques enteros.

Solo entrar en la gruta un profundo ruido subterráneo las asuntó y empezaron a invocar al Sol y la Luna, sus espíritus protectores. Luego sintieron un espantoso temblor que hizo caer cascajos del techo de la gruta. El grupo se arrinconó, aterrorizado. Cuando pasó el terremoto, la montaña siguió estremeciéndose como el cuerpo de un animal nervioso. Las mujeres abrazaron a sus hijos. Nadie estaba herido. Se tranquilizaron un poco y miraron hacia la boca blanquecina de la gruta: estaba cayendo una lluvia de piedras que al chocar contra el suelo echaba chispas.

—¡Miren! —gritó Collalla—. ¡Piedras de luz! Nuestros antepasados nos mandan este regalo.

Como si fueran luciérnagas las piedras rodaron cerro abajo y con sus chispas encendieron un enorme árbol coihué seco que se erguía al fondo de una quebrada. El fuego iluminó la noche y las mujeres se tranquilizaron al ver la luz.

—La estrella con su espíritu protector mandó el fuego para que no tengamos miedo —dijo la abuela Collalla riendo.

Niños y mujeres también rieron, aplaudiendo al fuego. El grupo contempló silencioso las llamas, como si fueran el mismo Padre Sol que hubiera venido a acompañarlas. Se sentaron junto a la gruta, oyendo crepitar las llamas como música desconocida.

Al rato llegaron los hombres, desafiando a las tinieblas para buscar a sus niños y mujeres. Caleu se acercó al fuego y cogió una llama ardiente; los otros lo imitaron y una procesión centelleante bajó de los cerros hasta sus casas. Por el camino iban encendiendo otras ramas para orientarse.

Al otro día, oyendo el relato de las piedras que lanzaban chispas, los hombres subieron a recogerlas y, al frotarlas junto a ramas secas, lograron encender pequeñas fogatas. Habían descubierto el pedernal. Habían descubierto cómo hacer el fuego.

Desde entonces, los mapuches tuvieron fuego para alumbrar sus noches, calentarse y cocer sus alimentos.

Comentario

Esta compleja y elaborada leyenda tiene una moraleja muy sencilla: si se enfrentan las vicisitudes con espíritu positivo, el poder del Universo entrará en acción para luchar contra ellas y brindarte una vida más segura y confortable.

Los siete hechiceros

Leyenda totonaca* (México)

Cuentan los viejos que entre Totomoxtle y Coatzintlali existía una gran caverna, en cuyo interior los antiguos sacerdotes hechiceros habían levantado un templo dedicado al dios del trueno, de la lluvia y de las aguas de los ríos. Eran tiempos lejanos en los que aún no había llegado la portentosa raza conocida hoy como totonacas, ni tampoco los hispanos que después los sometieron.

Los siete sacerdotes se reunían cada vez que era menester cultivar la tierra, sembrar las semillas y cosechar los frutos. Siete veces invocaban a las deidades y entonaban cánticos a los cuatro vientos o sea hacia los cuatro puntos cardinales, porque según las cuentas de esos hechiceros, cuatro por siete eran veintiocho, que son los días que componen el ciclo lunar. Los viejos sacerdotes hacían sonar el gran tambor del trueno, arrastraban cueros secos de la piel de los animales por toda la caverna y lanzaban flechas encendidas al cielo. Y poco

* Los totonacas son un pueblo indígena mesoamericano de la zona de Veracruz, en México. Formaban una confederación de ciudades, siendo la más importante la de Tajín. Hacia principios del siglo XVI se encontraban bajo el dominio de los mexicas.

después bramaban furiosos truenos y los relámpagos cegaban a los animales de la selva y a las especies acuáticas que moraban en los ríos.

Llovía entonces a torrentes y la tempestad rugía sobre la cueva durante muchos días y muchas noches. Había veces en que el río Huitizilac y el de las mariposas, Papaloapan, se desbordaban cubriendo de agua y limo las riberas y causando inmensos desastres.

Y cuanto más los sacerdotes arrastraban los cueros mayor era el ruido que producían los torrentes, y cuanto más se golpeaba el gran tambor ceremonial, mayor era el ruido de los truenos, y cuanto mayor número de flechas incendiarias se lanzaban, más relámpagos iluminaban el cielo.

Pasaron los siglos... Y un día llegaron al lugar grupos de gentes ataviadas de un modo singular, trayendo consigo otras costumbres, otras leyes y otras religiones. Se decían venidos de otras tierras allende el gran mar de turquesas (Golfo de México). Y tanto hombres, como mujeres y niños siempre sonreían como si fueran los seres más felices de la Tierra. Y tal vez esa alegría se debía a que después de haber sufrido mil penurias en las aguas borrascosas de un mar en convulsión, habían por fin llegado a las costas tropicales donde había de todo, tanto frutos como animales de caza, agua y un hermoso clima. Se asentaron en ese lugar al que bautizaron con el nombre de Totonacan y ellos mismos se dijeron totonacas.

Pero los siete sacerdotes de la caverna del trueno no estuvieron conformes con aquella invasión de los extranjeros que traían consigo una gran cultura; y se fueron a la cueva a producir truenos, relámpagos, rayos y torrenciales aguaceros con el fin de amedrentarlos.

Llovió mucho y durante días y noches, hasta que alguien se dio cuenta de que esas tempestades las provocaban los siete hechiceros de la caverna de los truenos. No siendo amigos de la violencia, los totonacas los embarcaron en una pequeña barca y dotándoles de provisiones y agua los lanzaron al mar de las turquesas, en donde se perdieron para siempre.

Pero ahora era preciso dominar a esos dioses del trueno y de las lluvias para evitar el desastre del pueblo totonaca recién asentado. Con ese fin sabios y decidieron que nada podría hacerse contra esas fuerzas que hoy llamamos sencillamente naturales y que sería mejor rendirles culto y pleitesía, adorar a esos

dioses y rogarles que fueran magnánimos con ese pueblo que acababa de escapar de un monstruoso desastre.

Y en ese mismo donde se ejercía el culto al dios del trueno, los totonacas u hombres sonrientes levantaron el asombroso templo de Tajín, que en su propia lengua quiere decir «lugar de las tempestades». Y no sólo se rindió culto al dios del Trueno sino que se le imploró durante 365 días, como número de nichos tiene ese monumento, invocando el buen tiempo en cierta época del año, y la lluvia cuando es menester fertilizar las sementeras.

Así nació la pirámide de Tajín, levantada con veneración y respeto al dios del Trueno, adorado por aquellas gentes que vivieron mucho antes de la llegada de los extranjeros, cuando el mundo parecía comenzar a existir.

Comentario

Los dos mitos precolombinos muestran algunos rasgos de la relación de los pueblos ancestrales con la naturaleza y sus fenómenos. En ese dramático encuentro se encuentra ya presente la Ley de Atracción. Por ejemplo, cuando el miedo y los embrujos negativos de los siete sacerdotes, hacen cada vez más intensa la tormenta que pretenden calmar.

Por el contrario, la alegría de los «hombres sonrientes», sus respetuosas oraciones cotidianas, y la hermosa pirámide que erigen para el dios del Trueno son signos positivos que les permiten librarse de los hechiceros con sus mensajes negativos. Su fe y veneración a las fuerzas naturales (que simbolizan el poder del Universo) obtienen como respuesta una era de felicidad y avances culturales.

Más allá del Ahora

Jorge Blaschke

Descubriendo a Eckhart Tolle.
Las claves de sus *best sellers*.
Los problemas, el miedo, el estrés, todo lo malo puede desaparecer, al menos, durante un instane, ¿verdad? Pero ese segundo de intenso gozo no se puede vivir en otro momento que no sea el presente. Ahora bien, ¿qué pasaría si pudiéramos atrapar ese relámpago del tiempo, y conservar para siempre su esencia? Una nueva existencia se abriría ante nosotros, en la que el pasado y el futuro no existirían, en la que nuestros egos y sus conflictos no tendrían sentido, en la que despertaríamos a una nueva conciencia.

Más allá de Osho

Jorge Blaschke

Ideas, enseñanzas y mensaje del gran maestro.
Esta obra es una verdadera iniciación al conocimiento de su mensaje, sus páginas pretenden ir más allá del legado del gran maestro y nos descubren que nosotros mismos podemos entrar en armonía con el Universo a través de la meditación, una fórmula para buscar en nuestro interior la verdadera realidad. Una verdad que debemos encontrar por nuestros propios medios y no aceptar sin más lo que otros proclaman.